改訂版

世界一わかりやすい
医学部
小論文＋面接
の特別講座

芝　高太郎

＊本書は、小社より2017年に刊行された『世界一わかりやすい　医学部小論文・面接の特別講座』の改訂版であり、大幅な加筆・修正により、最新の入試における傾向や実態に対応させました。また、掲載されている内容は、2021年５月現在の情報に基づいています。

まえがき

「たかが小論文、されど小論文」

私は各年度の小論文の初回の授業で、生徒達にこの言葉を伝えるようにしています。英語や数学、理科のような主要教科に比べれば、小論文の重要度が極端に低いのは明らかです。まさに「たかが小論文」と言えるでしょう。もっとも、一部の国公立大学医学部やほとんどの私立医大では小論文の試験が受験生に課されており、学科試験の点数がどんなに高くても、小論文の出来次第では不合格になります。つまり小論文をクリアせずに医学部、医大に合格することはできません。これこそが「されど小論文」です。

医学受験専門予備校PEACEアカデミーでは年間で小論文の授業が四十時間あります。生徒達は授業を通じて入試に必要な知識や教養、発想力と、どの大学の問題であっても合格点を取れるだけの文章力を身に付けていきます。小論文では絶対に負けない、という自信を持って本番に臨めるように十分な練習を重ねるのです。一方、受験期になると外部生から小論文の指導を依頼されることがよくありますが、そういう受験生の中にはこの「されど小論文」を十分に認識していない人が多いのに驚かされます。「小論文なんて国語と同じだからなんとかなるだろう」と甘く考えて、それまで小論文の答案を書いたことがないという強者《つわもの》がいれば、「学科試験の点数が高ければ小論文は白紙で提出しても大丈夫」などという間違った情報を信じている人もいます。そういう受験生はどんなに学科試験の勉強をしても、最終合格に至るのは難しいです。私もなんとか合格答案を書けるように指導するのですが、一度や二度の練習だけでは残念な結果に終わることも少なくありません。

もっとも、大手予備校や医歯薬専門の塾・予備校であっても、きちんとした形で小論文の授業が行われていない所がかなりあるので、浪人生が小論文の勉強をおろそかにするのは無理もないのかもしれません。予備校選びの時に、小論文の指導をきちんと受けられるのかをチェックするのが理想ですが、どうしてもそれらは後回しになってしまいます。きちんとした小論文の授業がない予備校や塾では、講習会の時のみ小論文の授業を実施する、過去問の答案を書かせて学生アルバイトに添削させる、小論文は独学で勉強させる、などといったこともあるようです。医系小論文の指導者の数自体が少ないので、それも仕方がないのかもしれません。

浪人生以上に困るのは現役生です。医系小論文の授業を行っている高校は少なく、自分の答案を国語の先生に添削してもらうだけという高校がほとんどで、中にはそれさえしてもらえない所もあります。もっとも、高校の先生が授業の準備やクラブ活動・保護者対応・職員会議などの業務に追われ、実に多忙な日々を送っておられることを考えれば、特殊な知識やノウハウが求められる医系小論文の指導を十分に行えないのも、やむを得ないと思います。そして医系小論文を教わることのできる予備校や塾があまりないというのは現役生も同じです。小論文の授業をリモートで行っている予備校や塾も最近はありますが、指導者の力量が未知数なだけに、躊躇する受験生や保護者もいるかもしれません。

そのような受験生が頼るのは、やはり市販の参考書ということになります。しかし、市販の参考書には医系小論文を書くための知識や情報を紹介するだけのものが多く、小論文の書き方を説明しているものであっても、内容が複雑だったりマニアックすぎたりして実用性の低いものがほとんどです。そういう参考書で勉強をしている受験生の中には、今の勉強方法で本当に合格答案を書けるようになるのだろうか、小論文を今とは違った面から勉強をするにはどうしたらいいのだろうか、と悩んでいる人も多くいるでしょう。そこでこれまでの指導経験で蓄積してきたノウハウを明らかにすることで、そのような医学部受験生の力になりたいと考えました。もちろん、限られたページ数の中で授業と全く同じことはできません。本書でどんなに詳しく説明したとしても、ライブの授業にかなうはずはないのですが、小論文の勉強方法に悩む多くの医学部受験生にとっては、様々な点で参考になると思います。

自分ひとりで練習ができないという点では小論文以上に面接試験は難関です。面接試験についてはウェブサイトや本にその質問内容や回答例が掲載されていますが、それを知ったからといって、必ずしも面接試験を乗り切れるわけではありません。例えば、個人面接における一つの質問であっても、人によって正解は違います。回答例はあくまで例であって、全ての受験生がこう答えれば大丈夫などというものではありません。面接の際の雰囲気などについての情報もあまり役には立ちません。資料に「面接は和やかな雰囲気で行われる」と書いてあっても、実際の面接試験は無表情な面接官による厳しい質問の連続だった、などということは日常茶飯事です。面接官の表情や雰囲気は人それぞれですし、それらの受け取り方も受験生によって様々だからです。さらに、数ある質問項目の中で大学側がどれに重点を置いているのかも資料を見るだけではわかりません。

そうなると誰かに練習をしてもらわなければなりませんが、面接練習においても指導者の力量は重要です。受験生一人ひとりの背景を理解したうえで、それぞれの質問に正解を示さなければなりません。またグループ討論ではテーマの選び方や討論後の的確なアドバイスが大切で、それによって上達のスピードが随分変わってきます。さらに、MMI（Multiple Mini Interview）では幅広い知識と教養、受験生の回答への即応能力などが求められるため、指導者を見つけるのは難しいかもしれません。面接指導なら誰でもできると勘違いしがちですが、それほど甘くはないのです。的外れな指導によって不利を受けないように、指導者選びは慎重にしてください。

一次試験はいくつも通過するのに、なぜ二次試験は不合格になるのだろう、面接試験をうまく乗り切るには何が必要なのだろう、と悩んでいる受験生や保護者は多いと思います。その証拠に受験期になると、遠方から面接練習に来たり、リモート面接練習を希望したりする方が毎年多くおられますが、時間的・経済的な理由からそれができないことも少なくありません。

そこで私は、本書で医学部受験の面接試験の実態と対策を可能な限り紹介し、それぞれの受験生が「正解」を見つけ出すヒントを示そうと考えました。もちろん全てを本書に書くことはできませんが、医学部の面接試験で何が求められているのかだけでなく、受験生一人ひとりが何を準備し、どのような覚悟を持って面接試験に臨むべきなのかを可能な限り説明したつもりです。それと同時に、医学部受験の面接試験は、世間で考えられているほどきれいごとでは済まない世界だということを本書から理解していただけたらと思います。

医学部受験に限らず、受験全般について言えることですが、素直な人は合格が早いと言われます。より速く正解に達する解き方を教わっても、自分の解き方にこだわる人はなかなか合格にたどり着くことができません。同じことは小論文や面接にも当てはまります。このようにすれば必ず上達すると言われても、決してそれを聞き入れない人がたまにいます。また、基本的な国語力が足りない人に読書を勧めても、ほとんどの人はそのアドバイスを受け入れようとはしません。面接についても、自分の思いを正直に伝えることにこだわるあまり、自分に不利になるようなことをあえて言いたがる人がいます。一生懸命話せば自分の魅力をわかってもらえるとでも思っているのかもしれませんが、限られた時間の中で自分のことをわかってもらうのはほとんど不可能です。

もちろん、全てのアドバイスを受け入れていればきりがない、と思う人もいるでしょう。間違ったアドバイスに振り回されて、逆に成績が伸びなくなってしまうのを恐れる人もいるかもしれません。そういう人はどの人を信じるのかを決める必要があります。この人のアドバイスならとことん信じてみようと決めることです。

本書は医学部受験生の皆さんが信じるに値するものであると自負しています。どうぞ素直な気持ちで、一度と言わず二度、三度と繰り返し読んでいただけたら幸いです。読むたびにきっと発見があるはずです。

芝　高太郎

目次

改訂版
世界一わかりやすい
医学部
小論文・面接
の特別講座

面接編

本文デザイン：（株）キャデック／本文イラスト：たはら ひとえ

■小論文の原稿用紙の文字数及び行数について

小論文の答案用紙の一行あたりの文字数や行数は大学によって様々です。「20字×20行」の大学もあれば、「25字×20行」や「40字×20行」の所など他にもいろいろなパターンがあり、これが基本だというものはありません。文字列の方向については、ほとんどの大学で横書きです。

小論文の答案における「制限字数」は実際に答案用紙に書いた文字数ではなく、空白マスを含めた文字数です。例えば「20字×20行」の答案用紙で最後の行の最後のマスまで埋めたとすると、改行などで生じた空白マスがいくつあろうと、四百文字の答案として扱われます。

本書に掲載されている答案は、本来は市販されている「20字×20行」の原稿用紙に書かれたものです。しかし、紙面の都合上、本書では一行を四十字の縦書きにしてあるため、一見すると字数オーバーのように見える部分があります。これは一行あたりの文字数が変わったために改行の位置がずれたことによるものです。

各大学の答案用紙の形式は様々ですが、本書では一応「20字×20行」の原稿用紙を基準に制限字数以内か否かを判断することにしました。あらかじめご了承ください。

小論文 編

第1章　医学部小論文で求められるもの

第1節　論理性──一つのストーリーを組み立てろ

次のような質問をよくされます。

「小論文で最も大切なものとは何ですか」

小論文で最も大切なものは「論理性」です。

論理性とは「筋道が通っていること」です。この論理性がなければ、それは小論文ではありません。とはいっても多くの受験生にとっては、そもそもどういう文章が「論理性」があるのかが具体的にわかりにくいかもしれません。

これを説明するためにまず、次の「未成年者の飲酒」に関する答案を読んでください。

　未成年者の飲酒は禁止するべきである。なぜなら成長過程にある未成年者が飲酒をすることで脳の神経細胞が破壊されたり、膵臓障害が生じたりするからである。また過度の飲酒によって急性アルコール中毒になり、命を落とす危険性もある。もちろん飲酒によって気分が軽くなり、ストレス発散につながったり、友人との距離が近くなったりすることもあるだろう。だから飲酒をする時間や量をきちんと決めることが重要だと思う。

いかがですか。小論文を書き慣れていない人はこういう文章をよく書きます。冒頭で「未成年者の飲酒は禁止するべきだ」と書いておきながら、最後は「飲酒をする時間や量をきちんと決めるべきだ」と書いており、**完全に矛盾した答案**になってしまっています。また**前半部分と後半部分の論述にはほとんど繋がりがありません。**

では、これに「論理性」を持たせるとどうなるのでしょうか。

未成年者の飲酒は禁止するべきだという考えがある。確かに成長過程にある未成年者が飲酒をすることで、脳の神経細胞が破壊されたり、膵臓障害が生じたりする危険性がある。また過度の飲酒によって急性アルコール中毒になり、命を落とす危険性も否定できない。しかし世界には十代半ばでも飲酒が許されている国がいくつもあり、飲酒が必ずしも健康を害することにつながるわけではないとも考え得る。また過度の飲酒によって急性アルコール中毒になる危険性があるのは何も未成年だけに限ったことではなく、未成年の飲酒だけを禁止する理由にはならない。大切なのは法律で厳しく禁止することではなく、家庭や学校で飲酒の危険性をきちんと伝えたうえで、適度な飲酒の方法をきちんと未成年者に教えることであると私は考える。

「未成年者の飲酒は禁止するべきだ」ではなく、「未成年者の飲酒は禁止するべきだという考えがある」とすることで、それ以降の論述で「未成年者の飲酒は禁止するべき」と、「禁止する必要はない」というどちらの結論にも繋がり得るようにしてあります。また前半で、「飲酒の危険性」を示したのに対して、後半でそれに対する反論を明らかにしているので、前半と後半とがきちんと繋がっています。

このように、**書き出しから結論に至るまでが一つのストーリーになって、初めて「論理性がある」と言われるの**

です。もう少し例を挙げてみましょう。

「ボランティア活動を高校の必修科目にすることの是非について」の答案を読んでください。

　社会にはボランティア活動に参加する人が多くいる。特に震災などの際には多くのボランティアが被災地を訪れ、被災者の力になってきた。ところで、ボランティア活動は奉仕精神を持って自主的に行われなければならないと私は思う。つまりボランティアには困っている人の力になりたいと自ら行動を起こすことが求められるのだ。一方、高校では多くのことを学ぶ。それには英語や数学などの座学だけではなく、協調性や他者への思いやりの心も含まれる。ではどうすれば思いやりの心を学べるのかと言えば、それはボランティア活動を通じてではないだろうか。町の清掃作業や老人ホームでのお年寄りの話し相手などを通じて多くのことを学べるのであれば、ボランティア活動を高校の必修科目にすることも許されると私は思う。

言いたいことはなんとなくわかります。要は「机の前では学べないことを学べるいい機会だからボランティア活動を高校の必修科目にすることに賛成だ」ということです。

しかし、「論理性」という点ではまるでだめです。論述の前半部分で「ボランティア活動は奉仕精神を持って自主的に行われなければならない」と書いているのに、後半部分では「多くのものを学べるから必修科目にしてもいい」というのでは筋が通りません。

では「論理性」のある答案を見てください。

ボランティア活動は奉仕精神を持って自主的に行うのが原則である。この原則を重視し、奉仕精神や自主性を持たない高校生にボランティア活動を強制することに反対する考えもある。しかし、社会で生きている以上、奉仕精神や自主性を全く持たない者はまれであること、また教育にはある程度の強制は必要であることから、この原則を重視しすぎることは妥当ではない。

　思うに、青少年によるＳＮＳを用いたいじめが増加するなど、荒廃化しつつある現代社会を再生するためには、人を思いやり、人を慈しむ気持ちを育む必要がある。そのための手段としてボランティア活動はふさわしいのではないか。たとえ奉仕精神や自主性を十分に持たず、嫌々ながらボランティア活動に参加する者であっても、その経験を通じて人として大切な何かを学ぶことも多いはずである。

　以上より、ボランティア活動を高校の必修科目にすることは妥当であると私は考える。

　これら二つの文章は、最初に「ボランティア活動には自主性と奉仕精神が必要だ」ということを書いている点では共通しているのですが、あくまで原則であると示すことで、時には例外も許されると述べる余地を残しています。このため、「ボランティア活動を高校の必修科目にしても構わない」と述べても前半と矛盾することなく繋がることができるのです。

前述の二つの例のように、前半で書いた内容と矛盾する内容を後半で書いてしまうということがよくあります。前半に書いた内容を忘れたり、時間に追われたりしたために、矛盾することを書いても気付かないのかもしれませんが、途中で多少ふらふらすることがあっても、最初から最後までが一つのストーリーになるように書かなければいけません。

もう一つ読んで欲しい文章があります。「自己と他者の幸福は両立するのか」についての答案です。

自己にとっての幸福が他者にとっても幸福であるのならばそれにこしたことはない。この点につき、両立は可能であるとの考えもあるが、現実に目をそむけるものであって妥当ではない。全ての物事には表と裏があり、光と影があるように、自己にとっての幸福が他者にとっての不幸であり、他者にとっての幸福が自己にとっての不幸である場合が多い。

このことを念頭に置いたうえで我々が常に意識すべきことがある。それは、自己が幸福な境遇にある場合は、不幸な境遇の他者を助け、支える必要があるということである。なぜなら、自己の幸福は他者の不幸のうえに成り立っているのであり、また自己もいつ不幸になるかはわからないからである。また、自己が不幸な境遇にある場合は、他者を妬まず、なんとか不幸な状況を打破するように前向きに努力すべきだということである。自己の幸福と他者の幸福は両立しないという現実を直視したうえでのこのような姿勢こそが大切であると私は考える。そのような姿勢を持ち続けることで全ての人が幸福になれるのではないだろうか。

これもまた「論理性」に欠けた文章であるということに気付いたでしょうか。

自己にとっての幸福と他者のそれとは、必ずしも両立しないということを指摘したうえで、我々が意識すべきことは何かについて説得力十分に論じることができています。そこまでは「論理性」がありました。**問題は最後の一文です。**自己の幸福と他者のそれとは両立しないという現実を直視したうえで、自分が幸福な時には不幸な境遇の他者を助け、逆に自分が不幸な境遇にある時には他者を妬まず、前向きに努力する、そのようにすれば「全ての人が幸福になれる」というのは**完全な自己矛盾です。**なぜなら、先に挙げたような意識を持つべきなのは、全ての人が必ずしも幸福になれるわけではないということを前提にしているからです。それなのに、全ての人が幸福になれるはずがないのです。

以上述べてきたように、小論文は一つのストーリーでなければなりませんが、この点において一つ付け加えさせてください。

小論文の答案は起承転結がなければならないとか、起承結で十分だと言われることがありますが、そんなアドバイスは受験生にとってほとんど役に立ちません。限られた時間の中でそんなことまで考えながら書ける受験生などめったにいないからです。

どうすれば合格答案を書けるようになるのかについては、第2章で説明します。

第2節 一般性と客観性　小論文と作文の違い

まず、「いじめ」についての文章を読んでください。

　いじめは絶対に許されるべきではない。なぜならいじめによって心が深く傷つけられることがあるからだ。私が中学二年生の頃、クラスでひどいいじめがあった。話し方に少し癖のある女の子が一部の生徒に馬鹿にされたり、時には教科書や上靴を隠されたりしていた。私はそのいじめを見て見ぬふりをしていたが、その子はある時期から学校に来なくなった。そして中学三年になる時、その子は転校していった。後で聞いた話では、その子はいじめを苦に何度もリストカットをしていたそうだ。

　今になってあの時のことを振り返ると胸が痛む。なぜあの時に傍観せずに勇気を持っていじめを止めなかったのだろうと後悔している。いじめは、自分とは違った相手を排除しようとする心の狭さから生じるものであるが、あの頃の私にもそのような心の狭さがあったのだと思う。あの時の経験を生かし、これからは傍観者にならずにいじめに正面から立ち向かい、いじめられている子を助けていきたい。

自分がいじめの傍観者であったことをきちんと反省し、これからは二度と同じ過ちを繰り返すまいという気持ちが文章に表れています。おそらく、胸を打たれた人もいるでしょう。

しかし、**残念ながらこの文章は、小論文の答案としては0点です。**なぜなら、小論文の答案に個人的な経験を書いても、それが読み手にはほとんど伝わらないからです。

例えば、先ほどの答案で言えば、いじめの内容がどの程度のもので何回くらい行われていたのか、先生はどんな態度だったのか、どのくらいの傍観者がどのような態度をとっていたのか、いじめを受けていた生徒はどういう様子だったのかなど、わからないことだらけで、それらを正確に知っているのはこの文章を書いた人だけということになります。

つまり、この人以外の読み手にとっては「ひどいいじめだった」と言われてもピンとこないのです。この文章のように個人的な経験や事情を書くのは小論文ではなく単なる作文なのです。

この点につき、「小論文の答案には自分の経験を書くべき」と言う人もいますが、**小論文が論文である以上、一般性と客観性が必要**なのです。

では、「いじめ」についての作文ではなく、小論文の答案を見てみましょう。

　全ての者が同じでなければならないという間違った価値観のもとに、他とは違った者を排除しようとすること、そして自分より弱い立場の者を作り出して優越感を得ようとする心の狭さによっていじめは起きる。
　いじめをなくすためには、まずこのような間違った価値観を改めさせなければならない。家庭教育や学校教育、啓発活動を通じて、様々な人の共存を認める寛容な心を持つことが大切だということを多くの人に理解させる必要がある。特に子どものうちに、このような間違った価値観を持たないような教育を徹底するべきである。また優越感を得たいというのはほとんどの人にとって自然なことではあるが、優越感を得たいのなら自分自身がもっと努力をするべきであって、いじめのような歪んだ形で優越感を得ようとするべきではないということもしっかりと教育するべきである。

これが小論文の答案です。

ここには、個人的な経験や事情は何ひとつ書かれていません。だからこそ、誰にとっても理解ができるのです。このように一般性や客観性、わかりやすく言えば「一般的に言えることで、個人的な経験や事情が含まれていないこと」が小論文の答案には求められるのです。

もっとも、答案に「〜と思う」とか「〜と考える」と書くと、それは個人的な考えを書いていることになり、一般性や客観性に欠けてしまうのではないかと疑問に思う人がいるかもしれません。このような表現は小論文ではタブーだと教わったことがあるかもしれませんが、それは完全な間違いです。

例えば、「人は全て平等でなければならないと思う」という一文は、個人的な考えを書いているのだから小論文の答案で使ってはいけないと言えるでしょうか。また「喫煙は喫煙者本人の健康を害するだけでなく、周りの者にも不快な思いをさせ、副流煙による健康被害を生じさせるのだから、喫煙することに私は反対である」の、「喫煙することに私は反対である」の部分を、「喫煙はしてはならないと私は考える」にした途端、一般性や客観性が失われるというのでしょうか。

つまり、「〜と思う」や「〜と考える」という表現が問題なのではなく、**「〜」に当たる部分に、個人的な経験や事情を書くことが問題**なのです。

では、もう一つ例を見てみましょう。「理想の医師像について」というテーマです。

医師に求められる要素はいくつかある。まず、正確な知識とそれを的確に実践できる技術である。正確な知識と的確な技術がなければ患者の生命や健康を守るという医師の最も重要な使命を果たすことができないからである。

次に、協調性とリーダーシップをバランスよく持っていることである。チーム医療を可能にするためにはチームの仲間の意見にしっかりと耳を傾けることのできる協調性と、チームを引っ張っていけるだけのリーダーシップがともに必要だからである。

最後に、特に必要なものとして考えられるのは豊かな人間性である。ほとんどの患者は不安を常に抱えており、医師はそれらの不安を理解し、患者の目線に立てる豊かな人間性を持ってこそ患者を肉体的及び精神的に救うことができるからである。

以上の要素を全て兼ね備えた医師に私はなりたい。

この文章にはとても大きな減点材料があるのがわかりますか。

問題をもう一度見てください。「理想の医師像について」です。「あなたはどんな医師になりたいか」ではありません。

この答案の最後は、「以上の要素を全て兼ね備えた医師になりたい」となっていますが、これが大きなミスなのです。この問題は「あなたがどうなりたいか」を聞いているのではありませんし、それを書いてしまうと「個人的な事情」を書いたことになります。

そのため、この一文があることで、この文章は小論文ではなく単なる作文になってしまいました。この文章の場合、最後を「以上の要素を兼ね備えた者が理想の医師だと私は考える」にするべきで、そうすれば満点答案です。
こんなわずかなミスで、小論文の答案が作文になってしまうということを忘れないでください。

もっとも、受験本番で個人的な意見を書いてもいい、あるいは絶対に書かなければならない場合もあります。例えば、「あなたが医師を目指すに至った原点を述べるとともに、将来どんな医師になりたいのかについて述べなさい」のように、個人的な経験や事情を述べることが前提になっている問題の場合です。

この問題なら、次のような答案になります。

私は幼い頃から、人を笑顔にしたいという思いを持って生きてきた。それと同時に他人を押しのけて生きるような生き方はしたくないとも思ってきた。中学生になり自分の将来を考え始めた時に、人を笑顔にするとともに、他人を押しのけて生きなくてもいい仕事は医師しかないのではないかと思い、医師を目指すようになった。これが私の原点である。

私が医師になった時、どんなに努力をしても助けられない患者さんがいるだろう。また肉体的にも精神的にも多くの問題を抱え不安を感じている患者さんもいるはずである。そんな時でも、自分自身の原点を決して忘れず、その患者さんに寄り添い少しでも笑顔になってもらえるような医師になりたいと思う。

個人的な経験や事情を書かせる問題を、そもそも小論文と呼んでいいのかという疑問はありますが、大学側が「小論文」だと言っている以上、それはそれでいいのです。

第3節　医師の資質　小論文では絶対に書いてはいけないことがある

小論文は筋が通ってさえいれば基本的に何を書いてもいいとされています。

もちろん、テーマから外れたことを書いてしまった場合、例えば「代理出産について」というテーマで「老老介護」について詳しく書いてしまえば当然評価はされないでしょうが、実際はそこまで的外れなことを書く受験生はほとんどいません。

テーマについての知識がそれほどなくても、自分なりに内容を推測してなんとか答案を書き上げるということも少なくはないでしょう。一応それなりに筋が通ってさえいれば小論文だけで不合格になることはありません。

しかし、どんなに筋が通っていても、これを書いてしまうと**医学部受験では絶対に不合格になるというものがあります**。それを順に見ていきましょう。

まず一つ目は**「差別」**や**「生命の軽視」**です。次の答案を見てください。

　私は全ての人は平等でなければならないと思う。しかし現実は平等ではない。生まれながらにして貧富の差があったり、生まれつき障がいを持っていたりする人もいる。貧富の差は努力や運によって解消される可能性もあるが、障がいはそうではない。現在の医学では治療の仕様がないのだ。

　そこで、障がい者が生まれないようにするために出生前診断を積極的に活用して、もし子どもが障がいを持って生まれてくる可能性があるのなら中絶をするべきだという考え方があるが、私は賛成である。なぜなら障がい者の多くは社会に負担をかけるだけで利益を何ももたらさないからだ。障がいを持っていても同じ命なのだから差別をするべきではないという主張もあるとは思うが、それは偽善であると思う。障がいを持って生まれてきた子どもの人生は常に差別や偏見の目にさらされ決して幸せなものではない。家族にとっても負担が大きいはずだ。

現に社会に存在している障がい者を差別するのは許されないが、これから生まれてくるだろう障がい者を減らすのは社会にとってもメリットが大きいと私は考える。

この文章を読んでどう感じましたか。なるほどと納得した人もいれば、何を言っているのだと腹立たしく感じた人もいるかもしれません。もちろん、何を考えようと自由なのですが、この文章のように**生命を軽視し、偏見に満ちたようなことを書いてはいけません**。

医師はあらゆる職業の中で生命を最も大切にしなければならない職業です。患者の生命と健康を守るべき医師になろうとする者が障がい者を差別し、生命を軽視するかのようなことを書いていては、「この人には医師としての資質がない」と判断されても文句は言えないでしょう。

自分の考えを偽らず、本心を書きたいという人も中にはいるかもしれませんが、そういう人は本番で不利に扱われることを覚悟のうえで本心を書いてください。人には様々な考えがあり、それを正直に書いたことで不利に扱われるのは理不尽だという主張もあるでしょう。しかしそれが受験であり、現実です。

小論文は自分の本心を書く場ではなく、あくまでも合格のための手段であることを忘れてはいけません。

二つ目は**「宗教的な考え方」**です。次の答案を読んでみてください。

どんな事情があっても、人は自殺をしてはならないと私は思う。もちろん命はその人自身のものであり、どんなふうに処分しても構わないという考えもあるだろう。しかし、一度授かった命はその人だけのものではない。その人の命は家族や周りの人のものでもある。

　何より命は神様が下さったものなのだから、それを勝手に処分してはならない。苦しみに常に立ち向かうのではなく、時には逃げても構わない。だからどんなに苦しくても自殺だけはしてはいけない。どうしても耐えられなくなる前に誰か信頼できる人に相談をするべきだ。


　自殺をしてはいけないという主張自体は間違いではありません。しかし、このような文章も医学部小論文ではタブーとされています。それは「神様」という宗教的な存在に言及してしまっているからです。言うまでもなく人はどんな宗教を信じても構いません。自己の信じる宗教の教えに沿った生き方をするのもいいでしょう。しかし小論文の答案で書くのはだめです。その理由は二つあります。

　まず一つは、**神様という絶対的な存在に言及することによって論理性を回避してしまっているように受け取られてしまう**からです。

　なぜ自殺はだめなのかを論理的に説明するのは難しいです。家族や友人が悲しむから、ということを理由にすれば、では身寄りも友人もいない人は自殺をしてもいいのかということになってしまいます。「人の命は社会全体の公共財のようなものなので、たとえ命の所有者である本人であっても勝手に処分してはならないのだ」という説明をすれば批判は出ないかもしれませんが、論理的に少し無理があります。

　こんなふうに自分なりの説明を思いつかない時に神などの絶対者の存在に言及すれば、自殺を禁じる理由を簡単に説明できてしまいます。しかし、そのような抽象的な存在を理由にすれば、読み手に「この文章には論理性がない」という印象を与えてしまうでしょう。

もう一つの理由は、宗教には様々なものがあり、特定の宗教を信仰する者の言葉は異なった宗教を信仰する人にとっては全く納得できないものになる可能性があるからです。

例えば、自殺を絶対に禁止している宗教もあれば、そうではない宗教もあるでしょう。つまり、「神は自殺を禁止しているのだから、人は自殺をしてはいけない」と書いても、納得できない人も当然います。このことは自殺だけでなく、人工妊娠中絶や輸血、喫煙や飲酒など様々なものにも言えることです。

このように、**宗教的発想も小論文の答案では絶対に書いてはいけない**ことの一つです。

三つ目に書いてはいけないのは**「非倫理的な内容」**です。「非倫理的な内容」と言われても抽象的すぎてわかりにくいかもしれませんが、例えば、患者の求めに応じて診断書に虚偽記載をしたり、過剰に薬剤を処方したりするのは非倫理的だというのはわかりますね。

「患者の希望をできるだけ尊重するためにこのようなことも許される」などと答案に書いてしまうと、医師としての資質がないと判断されます。していいことと悪いことの区別がつかないのですから。ただ、さすがにそんなことを書く人は少ないです。

次の問題を見てください。

あなたが医師になって十年目のある日、同期の同僚にあることを打ち明けられた。打ち明けられた内容は以下の通りである。

・自分が手術することになった胃がん患者の手術前に胸部（肺）レントゲン写真を撮影したところ、レントゲ

ン写真には陰影が映っていた。自分はそれを結核の瘢痕《はんこん》（以前かかった痕跡）であると判断したが、実はがんの転移巣だった
・CT撮影をすればすぐにがんだとわかったはずだが、多忙のためにそれを忘れてしまっていた
・患者は術後に呼吸困難を起こしたが、自分はそれを術後肺炎と判断し、抗生物質の投与を看護師に指示した
・いったん呼吸困難は解消したが、その後も数回呼吸困難を起こした
・三週間後、患者は亡くなった
・肺がんだとすぐに気付いていれば、術後すぐに患者が亡くなることはなかった
・肺がんはかなり進行しており、そう長くは生きることはできなかったと思われる
・医療ミスがあったことを遺族に伝え、謝罪するべきか否かで迷っている

さて、あなたは医療ミスがあったことを遺族に伝え謝罪することをこの同僚に勧めますか。理由とともに五百字以内で述べなさい。

言うまでもなく、**ここで書いてはいけないのは同僚に勧めないという答え**です。

それはミスを隠蔽するということですが、どんな理屈をつけようと患者や遺族の利益を侵害していいわけがありません。たとえ同僚のミスがなくても、患者はそんなに長くは生きられなかったかもしれませんが、死期を早めたのは事実であり、ミスを隠蔽する理由にはなりません。

この問題の模範答案はこうです。

最初にレントゲン写真を見た時に陰影ががんの転移巣であることに気付かなかったこと自体はミスとまでは言えない。しかしCT撮影をし忘れただけでなく、呼吸困難の原因が

術後肺炎以外にあるのではと疑う機会があったのにそうしなかったことから、同僚にミスがあったことは明らかである。またたとえ肺がんが治療困難な程度にまで進行していたとしても、同僚のミスによって患者の死期が早まったことは否定できず、同僚自身もそれを認めている。このように同僚の明らかなミスによって患者の死期が早まった以上、そのことに対して同僚が自身のミスを認め、遺族に謝罪するのは当然のことである。

また同僚自身もミスがあったことを遺族に伝え謝罪するべきか否かで迷っており、もしこのまま事実を明らかにしなければ、同僚は医療ミスを隠蔽したことについても自責の念にかられながらこれからの医師としての人生を歩み続けることが予想され、それは同僚にとってもつらいことだと思われる。共に医師としての人生を歩んできた同期の仲間であればそういう事態は避けさせたいと私は思う。

以上の理由から私は同僚に医療ミスがあったことを遺族に伝え謝罪することを勧める。

この問題で「私は同僚のミスを見逃す」ということを書けば、医師としての資質なしと判断されても仕方ないでしょう。医師は患者の生命や健康を守るためにこそ存在しているのであって、自分達の利益を優先するのであれば、医師としての資質はありません。患者の利益を守るという覚悟がないのなら医師を目指すべきではないのです。

ところで、「医療ミスが起きた時にそれを隠蔽してはいけない」ということの理由は何だと思いますか。この点について小論文や面接試験などで次のように答える人が意外に多いのです。

「ミスを隠蔽すると、後で発覚した時に病院がさらに信頼を失うから」

ミスを隠蔽してはいけない理由にはいくつかありますが、この答えを最初に出してはいけません。なぜなら、後で発覚した時にさらに信頼を失うというのは、病院からの目線で事態を捉えているからです。

病院がさらに信頼を失うことで、最悪の場合病院が閉院になって、医師を含む多くの職員が職を失うことになるから、というのは病院側の都合だけを考慮したものと言えます。そこには患者の利益を考慮しようという意識が欠けています。

医療ミスが起きた時にそれを絶対に隠蔽してはならないのは、**ミスの隠蔽は必ず同様のミスを生むからである**ということを覚えておきましょう。

医療ミスには必ず何らかの原因があります。医療従事者の気の緩み、医師の知識や技術不足、過重労働による集中力の低下、類似した薬剤名など様々な原因が考えられますが、原因を究明しなければまた必ず同じようなミスが生まれます。それは新たな被害者を生むことを意味します。

ミスは絶対に隠蔽せず、原因を明らかにすることが大切なのです。常に患者の立場に立って考えるようにしなければなりません。

第2章 小論文の命…「構成」見切り発車は失敗のもと

第1章では「医学部小論文で求められるもの」をいくつかの例を通して説明してきました。第2章では、実際に小論文の答案を書けるようになる方法を説明していきたいと思います。

第1節 構成の基本 列挙、選択、整序、配分の四段階

授業で小論文の問題の答案を生徒に書かせると、**書き始めるのが早い生徒ほど終盤で手が止まる**ということに気付きます。

例えば、制限時間が六十分の問題とします。開始から五分以内で答案を書き始めた生徒のほぼ全員が四十分過ぎあたりでぴたっと手が止まります。そのまま数分間固まり、書き始めますが、またすぐに固まります。数分後、激しい勢いで消しゴムを使い始め、書いたり消したりを繰り返しているうちに時間終了になります。それらの生徒達の答案は論述に一貫性がなく、いかにも思いつきで書いたというものになっています。

一方、うまく書けている生徒にも特徴があります。

開始から五分間ほどは手に何も持たずにじっと考えている。そして考えながら問題用紙の裏に何かを書き、開始から二十分経過した頃にようやく原稿用紙に書き始める。そこからはほとんど手を止めることなく最後まで書き上げる。書き上げた後は、誤字や脱字がないかを慎重にチェックして終了。答案はとても論理的で一貫性があり、表現ミスも少なく、完全な合格答案に仕上がっていることが多いです。

両者の違いは答案を書き始めるまでの時間です。合格答案を書ける人はいきなり答案を書き始めたりはしません。**書き始める前に必ず「構成」をしている**のです。

「構成」が小論文の命です。何を、どの順番で、どれだけの分量で書くかを決める「構成」なしには、合格答案は書けません。なんとなくこんな感じで書こうと見切り発車をしても、必ず失敗します。

構成は決して難しいものではありません。普段友人と話をする時にも、何をどの順番で言おうかと考えながら話しています。会話において構成が苦手な人は、一般的に「話が下手な人」「つまらない人」と言われているはずです。なぜなら、面白い話であっても先にぽろりとオチを言ってしまったり、前提を十分に説明せずに話を進めてしまったりすることが多いからです。

もっとも、構成をしてから書けと言われても途方に暮れるだけでしょう。実際にどのように構成をするのかを順に説明していきます。

「〇〇が多くの人に愛される理由について四百字で述べてください。」という問題に対し、どのように書いたらいいでしょうか。「〇〇」は何でも構わないので、ここでは身近な「カレーライス」を例に取り上げてみます。「カレーライスが多くの人に愛される理由について四百字で述べてください。」とします。

最初にやるべきことは「カレーライスの人気の理由」を「**列挙**」していくことです。思いつくままにどんどん挙げていきましょう。

①家庭で簡単に作れる
②材料費が安い
③スパイスの香りが食欲をそそる
④一枚の皿で食べるため食器洗いが楽である
⑤牛肉、豚肉、鶏肉、野菜など具が多彩である

理由は他にもたくさんあるでしょうが、ここではこの五つにしておきます。

「列挙」の次にするべきことは「**選択**」です。なぜカレーライスが多くの人に愛されるのか説得力を持って述べるためには、ただ五つを書き並べるのではなく、いくつかに絞り込んで説明を加える必要があるからです。

そこで①～⑤のうちから重要だと思うものを選びます。ここでは①②⑤の三つを選びました。

次にするべきことは「**整序**」です。選んだ①②⑤を適切な順序に並べていきます。

その前に、なぜ整序が必要なのかを二つの文の並べ方で考えてみましょう。

A 「彼は聡明である。」

B 「彼は性格が悪い。」

この二つの文をA→Bという順で並べると「彼は聡明だが性格が悪い」、B→Aという順にすれば「彼は性格が悪いが聡明である」になります。

もし自分が「彼」だとして陰でこのように言われているとすれば、どちらなら許せますか。もちろんどちらも嫌でしょうが、あえて選ぶとすればやはり「彼は性格が悪いが聡明である」の方でしょう。

「彼は聡明だが性格が悪い」というと、聡明というメリットを帳消しにしてしまうほど性格が悪いという印象を受けますが、「彼は性格が悪いが聡明である」というと、性格の悪さなど問題にならないくらい聡明なのだと感じられます。

つまり、**文を書き並べる順序によって、全体の意味や印象は大きく変わる**ということです。

日常会話でも「君は一生懸命頑張ったが、不合格だった」と言われるとへこんでしまいますが、「君は不合格だったが、一生懸命頑張ったじゃないか」と言われれば「気持ちを新たにこれからも頑張ろう」と思うはずです。この違いがわからない人は、無意識のうちに周りの人を傷つけてしまっているかもしれません。会話も一つのストーリーなのですから、話す順序には細心の注意を払わなければいけません。

「整序」でさらに問題になるのが「最も重要なものを書くのは文章の最初なのか、それとも最後なのか」ということです。この点については小論文を指導する先生達も迷うところだと思います。「私はこう考えている」ということをわかりやすく伝えようとするのなら、「最も重要なことを最初に書くべきだ」と言うこともできます。しかし、最初に最も重要なことを書いてしまうと、インパクトが強い半面、文章全体は尻すぼみになってしまいます。中盤以降の文章を読みたいという気が薄れてしまうでしょう。

第1章で「小論文の答案は一つのストーリーでなければならない」と言いましたが、一つのストーリーである以上、最後まで読みたいと思う文章でなければいけません。最後まで興味を持ってもらえるように、**一番重要なことは最後に持ってくる**というのが小論文では必要だと思います。冒頭でインパクトのあることを書くのも確かに一つのテクニックですが、いつもぴたりとはまるわけではありません。

このように言うと「最初に重要なことを書いておかなければ、字数オーバーや時間切れのために一番書きたいことが書けなくなるのではないか」という批判があるかもしれませんが、そういう事態を避けるために「構成」をするのです。

この「カレーライスの人気の理由」については②→⑤→①の順に並べることにしましょう。

ここまで「列挙」→「選択」→「整序」という流れを説明してきました。最後は「**配分**」です。何をどれだけの長さで書くかを決めるということです。

「配分」も答案を書くためにはとても重要です。一番言いたいことを最後に書くのですから、配分がうまくいかなければ書きたいことを書けずに終わってしまうような事態も生じかねないからです。

「配分」は想定通りにはいかないこともあります。四行で書けるだろうと思っていても実際に書いてみると二行で終わったとか、逆に六行かかったなどということがよくあるからです。小論文の練習を始めて間もない頃は、このような経験をすることが多いはずです。

しかし、練習を重ねるうちに「この内容なら〇行で書ける」ということが感覚でつかめるようになります。もともとの文章力にもよりますが、何回か練習を重ねるうちに誰でもこの感覚を身に付けることができます。

そこでここでは四百字を②⑤①に配分してみます。やはり一番言いたい①に最も字数を割《さ》くべきですから、①に四行を配分しましょう。そして残りの②と⑤に三行ずつ振り分けます。

「カレーライスが多くの人に愛される理由」について「列挙」→「選択」→「整序」→「配分」という順に構成をしてきました。次の模範答案を見てください。

　カレーライスは多くの人に愛されているが、それにはいくつかの理由がある。

まずカレーライスは材料費が安いということだ。カレーライスを作るには玉ねぎやじゃがいも、こま切れ肉などの安い食材とカレールーとご飯があれば十分であり、庶民でも口にすることができる。

　また、こま切れ肉だけでなく、豚肉や鶏肉、シーフードなど様々な具材を使うことができることも愛される理由の一つであると言える。多彩な具材を使うことで、飽きがこず、また宗教上の理由で豚肉が食べられない人達でも食べることができるようになる。

　そして、カレーライスが愛される最も大きな理由はその調理の簡単さにあると私は思う。カレーライスは小学校や中学校の調理実習でも作るように、誰でも簡単に作れる料理である。簡単に作れることで時間が節約でき、その時間を家事や休息に充てることもできる。共働きの家庭の主婦にとっては簡単に作れるということは大きな魅力ではないだろうか。

ここで、カレーライスが好きでない人は、カレーライスが多くの人に愛される理由なんてどうでもいいよと思ったでしょう。別に、オムライスでもいちご大福でもたい焼きでも何でも構いません。もちろん食べ物でなくてもいいのです。身近なものを材料にして練習をすればいいのです。

もし好きな人がいるのなら、その人の魅力をテーマにして構成をしてみましょう。そうすることでいつの間にか構成ができるようになります。**どんなテーマであっても構成の練習はできる**ということです。

もう一つ、医療系テーマ以外のものを素材にして構成をしてみましょう。

「家族の大切さについて四百字以内で考えを述べよ。」という問題です。

まず「列挙」です。「家族の大切さ」と言われれば多くの人はこのように思うでしょう。

① 家族がいなければ生きてはいけない

構成のきっかけはこんな単純なことでいいのです。なぜ「家族がいなければ生きてはいけない」と思うのかというと、やはり経済的な理由でしょう。

② 家族が経済的に支えてくれなければ食事すら満足にとれない

家族は経済的に支えてくれるだけでしょうか。家族といっても弟や妹などには収入がないのが普通であるように、家族の全てに収入があるわけでもないので、経済的な面以外のことも考えなければいけません。

③ 家族は精神的な面で支えてくれる

②と③では③の方が大切でしょう。一般的には、どんなにお金があっても精神的に満たされていなければ人は幸せを感じることができないと考えられているからです。

さらに次のようなことも考えられます。

④ 血のつながりがある

⑤ 一緒に暮らしている

さて、「家族の大切さ」について書こうとする時、家族が大切である理由の他に思いつくことはないでしょうか。この点をしっかり押さえられるか否かで答案の出来は大きく変わってきます。家族が大切な理由は誰にでも思いつきますが、他の受験生に差をつけようとすれば、**プラスアルファの部分が重要になってくる**からです。

プラスアルファを考えるためには**少し視点を変えてみる**ことが必要です。

自分の家族について、どのくらい知っているか考えてみましょう。親がどんな仕事に就いているか、具体的な仕事の内容は何か、兄弟姉妹がどんな部活に入っているか、どんな友人と付き合っているか、好きな本は何かなど、ちゃんと知っているでしょうか。おそらくあまり知らないでしょう。

今は、家で家族と一緒にいてもそれぞれがスマホの画面を見ていて、ほとんど会話のない時代になっています。最低限必要なことしか話さないので、お互いのことをよく知らないのです。そのため、家族同士思いやりの心を持つのも難しくなっています。

このようなことから、以下を挙げることができるでしょう。

⑥ スマホの普及によって家族を大切にすることが難しくなってきている

⑦ スマホの使用を抑えて家族の大切さを考える時間を作るべきだ

次は「選択」です。

②③は絶対に外せませんが、①については②③で詳しく述べることになるので不要でしょう。

④と⑤は外してもいいかもしれません。④の「血のつながりがある」については、養親と養子や里親と里子のように血のつながりがない家族もいますし、そもそも夫婦には血のつながりはありません。⑤の「一緒に暮らしている」も、単身赴任の父親のように家族が遠方で暮らしている場合もあります。制限字数が六百字あれば④⑤も入れてもいいでしょうが、四百字では入れない方が無難です。

⑥⑦は、単に「家族は支えてくれるから重要だ」とだけ書いても内容的には物足りないものになってしまうので、入れる方がいいです。

以上の理由から②③⑥⑦を選択します。

「整序」は、②→③→⑥→⑦、もしくは③→②→⑥→⑦でいいでしょう。今回は②→③→⑥→⑦とします。

最後は行数の「配分」です。②よりも③の方が重要なので②に二行、③に五行、⑥と⑦で合わせて四行くらいを目安にします。

このように構成して完成した答案です。

　人はみな、人生のある時期には家族による経済的な支えを必要とする。この経済的な支えという点で家族は大切である。

　そして、このような経済的な支えと同様に大切なのが精神的な支えである。人は家族との生活の中で、人生における大切なことを学び合う。人を愛すること、他人の痛みを知ること、自己を犠牲にしてでも家族を守ること、そして苦痛や悩みを共有し、それらを乗り越えるために力を合わせることなどである。この生涯続く学習を通じて家族は支え合い、人の心は豊かになる。

　近年スマートフォンや携帯ゲーム機等の普及によって、家族と過ごすよりもはるかに長い時間を自分だけの世界で過ごす人が増加している。そのため家族の大切さに気付くこともなく、自分勝手で思いやりのない者が多くなってきたように思う。そのような現状を踏まえて、今こそ家族の大切さを再認識すべき時代が来ているのではないかと私は考える。

文章が少しうますぎるかもしれませんが、「構成」の例としてわかってもらえたと思います。もっとシンプルな内容でも構いませんが、とにかく、**答案を書き始める前には「列挙」→「選択」→「整序」→「配分」という四つの段階を意識して構成する**ことを忘れないでください。

では最後に、医療系のテーマ「インフォームドコンセントについて」を取り上げます。このテーマは、かつては入試でよく出題され、医学部小論文の参考書にも必ずといっていいほど扱われています。今さらという感じがするかもしれませんが、誰もが聞いたことのあるテーマだからこそきちんとした答案が書けなければいけません。

今回は五百字の答案を書くための構成をしてみます。

まず「列挙」です。

「インフォームドコンセント」と聞いた時に最初に思うのは、「インフォームドコンセントって何だったっけ」ということでしょう。よく耳にする言葉ですが、正確な意味を知っている人は意外に少ないものです。「インフォームドコンセント」の定義は次のようになりますが、定義が思いつかなくても答案が書けないということはありません。

①インフォームドコンセントとは、患者に対して病状や治療方針などを説明して同意を得ることである

「インフォームドコンセントは重要だ」と耳にすることが多いのは「インフォームドコンセントが徹底されていないから」とも考え得るので、次のことも挙げられます。

②インフォームドコンセントは十分に行われているのか

他には以下のようなことが列挙できるかもしれません。
③なぜインフォームドコンセントが重要なのか
④インフォームドコンセントが不十分なのはなぜか
⑤インフォームドコンセントが徹底されるにはどうすればいいのか
さらに、④の不十分な理由としてこのように挙げることができるでしょう。
⑥医師の数が少なくて、インフォームドコンセントのための時間がとれない
⑦患者にきちんと説明し、同意を得るのが面倒だと思う医師もいる
⑧インフォームドコンセントを徹底してくれるように、患者が医師に言えない
ちなみにこのテーマについてはこのくらいのことは列挙できなければいけません。小論文の合格答案を書くには最低限必要な知識だからです。普段から医療系テーマに関して知識を蓄えておく必要があります。それについては第４章で述べていきます。

次に「選択」に移りましょう。インフォームドコンセントの定義を知らない場合は、②③④⑤⑥⑦を選択することになります。定義を知っていれば①も含めましょう。
さらに「整序」です。定義を最初に置く方が書き進めやすいので、①を冒頭に置きます。二番目以降は③→②→④→⑥→⑦→⑤という順序でいいでしょう。
最後に「配分」ですが、今回はやはりインフォームドコンセントが不十分であることの指摘と、それを改善するための対策に重点を置く方がいいので、①③に四行、②④⑥⑦に六行、⑤に四行とするのがいいと思います。

以上の構成に従って答案を書いてみると、次のようになります。

インフォームドコンセントとは、医師が患者に対して医療に関する十分な説明をしたうえで、その同意を得ることである。これは患者の自己決定権を保障するために認められた患者のための制度であり、日本では医療法にそれを定めた規定があるものの、医療現場ではまだ十分に普及しているとは言えない。

　普及が進まない理由としてまず考えられるのは、医師が多忙のあまりインフォームドコンセントを徹底する時間がないということである。我が国では地域間、診療科間で医師の偏在が生じているため、医師が不足している地域や診療科ではインフォームドコンセントの不徹底が起こりやすい。次に考えられるのは、一部の医師の倫理観の欠如である。患者に病状や治療法などを説明したり、その同意を得たりする必要はないと考え、インフォームドコンセントを怠る医師が少なくない。

　このような事態を解消するには、医師の偏在解消のための政策を行政が進めていくとともに、視覚的に理解しやすいＤＶＤや模型を医師会等が作製し、患者に効率的に説明をすることで時間不足を補う工夫をしていく必要がある。また、大学での教育や研修を通じて医師への倫理教育の徹底を図るべきである。

「こんな答案は絶対に書けない」と思う人もいるかもしれませんが、ある程度小論文の答案を書く知識を身に付ければ、このくらいはすぐに書けるようになります。

ここまで小論文の命である「構成」について説明をしてきました。小論文の勉強を始めたばかりの人にとっては難しいものに思えるかもしれませんが、**練習を重ねるうちに「構成」は自然とできるようになります。**

書き始める前にきちんと構成をすることを習慣にしてください。面倒くさがらずに、どんなテーマであっても構成をしてみてください。

第2節　構成の応用　必ずしも自分の意見だけを示せばいいわけではない

第1節では小論文の命である「構成」を三つのテーマを例に説明しました。第2節では構成の応用について説明をしていきます。

第1節では、「カレーライスが多くの人に愛される理由」「家族の大切さ」「インフォームドコンセント」をテーマに挙げました。これらのテーマはいわゆる「**説明問題**」です。

「なぜカレーライスが多くの人に愛されるのか」「家族はなぜ大切なのか」「インフォームドコンセントはなぜ不十分なのか」の**説明が答案の中心になっています。**ここには意見の対立はありません。カレーライスが人気料理だということ、家族が大切だということ、インフォームドコンセントは重要なはずなのにまだまだ不十分であることに、あまり意見の争いはないでしょう。

しかし、医学部小論文のテーマの中には、賛否両論がはっきり分かれているものがあります。**意見が対立するテーマについてどのように書くのか**を、次に説明していきたいと思います。

「代理出産」を例に、「代理出産についてあなたの考えを六百字以内で述べよ。」という問題を考えてみましょう。

代理出産の定義は次のようなものです。

「代理出産とは、子宮の病気等のために出産できない女性の代わりに第三者の女性が子どもを産むことである」

定義は覚えておきましょう。答案の書き出しに正確な定義をきちんと示せれば、よく勉強をしていると採点官に印象づけることができます。逆に曖昧なことを書くと印象が悪くなるので、正確に覚えていないのなら書くべきではありません。

さて、代理出産の定義の中で、「子供」ではなく「子ども」と書いてあるのに気付きましたか。第1章の中では「障害者」ではなく「障がい者」としてあります。

新聞や法令などでは、「子供」ではなく「子ども」と書くのが一般的です。それは「供」という字には差別的な意味が含まれているからと言われています。「桃太郎は犬、猿、雉《きじ》をお供に従えて鬼ケ島に行った」などのように、「供」という字には「立場の下の者」という意味がもともと含まれていると考えるのです。

その一方で文部科学省は「子供」に統一しています。それは「供」は単なる当て字に過ぎず、「子供」は差別的な表現ではないと判断しているからです。また漢字と平仮名の交ぜ書きはよくないという理由もあるようです。

小論文ではどちらで書いても構いません。ただ、私としては「子ども」をお勧めします。なぜなら、たとえ一部の人からであっても、差別的だと言われることのある表現をわざわざ使う必要はないと思うからです。それと同時に、この人は新聞をよく読んでいるという印象を採点官に持たせることができるからでもあります。

「障害者」ではなく「障がい者」と書くのは、「害」という言葉がハンディキャップを持った方達に失礼ではないかという配慮によるものです。確かに「害」という言葉のイメージは悪いです。

「がん」は漢字では「癌」と書きますが、この字の見た目のおどろおどろしさのために、漢字を使うのはやめようということになったようです。片仮名で「ガン」と書く人もいますが、わざわざ片仮名にする必要もないので「がん」と平仮名で書くのです。

これらについてはそれほど過敏になる必要はありませんが、一応、意識をしておいてください。

代理出産の話に戻ります。代理出産には賛否両論がありますので、それぞれの立場から考えてみましょう。

まず、代理出産に賛成の立場からは主に次の二点が挙げられます。

「遺伝的につながりのある子どもが欲しいという願いを叶えられるだけの医学的技術が既にある」

「養子や里子への愛は遺伝的つながりのある子への愛とは異なる」

一方、代理出産に反対の立場からは次のような主張が考えられます。

「親の確定が困難になることで家族関係が複雑になる」
「生まれてきた子どもの引き渡し拒否が起こり得る」
「妊娠中や出産の際に代理母が死亡したり重い後遺症が残ったりし得る」
「生まれてきた子どもの引き取り拒否が起こり得る」
「代理出産の事実を知った子どもが精神的なショックを受ける」

このような場合、「私はこのことに対して賛成も反対もしない」などと、どっちつかずの主張をするのはよくありません。主張に一貫性と説得力があるのなら構いませんが、多くの場合、どちらの立場に立つかを示すのを恐れて曖昧な論述をしているだけだからです。代理出産について、賛成でも反対でもどちらでも構わないのです。問題なのはその論述内容なのです。

賛否両論がある場合には、どちらかの立場に立って論を進めていくことをお勧めします。

「代理出産について賛成」という立場に立つとしても、賛成だから賛成なのだという一方的な論述をしていては、合格点は取れません。このような場合に必ず意識するべきことがあります。

自分と異なった立場についても理解と配慮を示すということです。

例えば「喫煙について」というテーマで考えた場合、非喫煙者は喫煙者の気持ちがわからないので、一方的に「喫煙は百害あって一利なしなのでやめるべきだ」と主張するかもしれません。しかし、喫煙者は納得しないでしょう。では、「煙草を吸うか否かはその人の自由である。人によってはストレスの解消にもつながるだろうから、全面的にやめろと言うべきではない。しかし、喫煙は喫煙者だけでなく周りの非喫煙者にも健康被害をもたらす。健康を害すれば医療機関で受診することになるが、そうなると国全体の医療費が増大してしまう。以上のことを考えれば喫煙はできるだけ控えるべきだと思う」と言えばどうでしょうか。

これなら喫煙者も少しは納得するのではないでしょうか。「煙草を吸うか否かは自由だ」「喫煙はストレスの解消にもつながる」という部分が、「喫煙者の気持ちをある程度理解してくれている」と感じられるからです。

ここで、自分の考えを先に書くのか、自分とは異なる考えに先に言及するのがいいのかが問題になってきます。基本的にはどちらが先でも構わないのですが、第1節で説明したように、自分の主張は後に置く方が一つのストーリーとしてはまとまりやすいので、**「自分とは異なる考え」→「自分の考え」**という順にします。

賛成説の立場から論じる場合は、**「定義→反対説の紹介→反対説への理解と配慮→賛成説の紹介と理由」**となります。

逆に反対説の立場に立つと、構成の基本的な流れは、**「定義→賛成説の紹介→賛成説への理解と配慮→反対説の紹介と理由」**のようになるでしょう。

では、「反対説の立場から述べた答案例を見てください。

　代理出産とは、子宮の病気等のために出産できない女性の代わりに第三者が子どもを産むことであるが、これについては以前から賛否両論がある。
　子宮の病気等の理由で子どもを出産できないカップルは多く、そのような人達の、遺伝的につながりのある我が子を欲しいという願いは十分に理解できる。なぜなら自分の子孫を残したいというのは全ての生物に共通の本能であり、その本能は養子をとったり里子を育てたりすることでは満たすことができないからである。
　しかし、代理出産には多くの問題点がある。まず、妊娠中や出産の際に代理母が死亡したり重い後遺症が残ったりした場合、誰がどのように責任を負うのであろうか。金銭的な補償で済む問題ではないはずである。また、母親の確定が困難となり、家族関係が複雑になるだけでなく、生まれてきた子どもが精神的なショックを受けることも考えられる。さらに、生まれてきた子どもが障がいを持っていたり、出産前に依頼者が離婚したりしたなどの理由で子どもの引き取りを拒否した場合、誰がその子どもを引き取って育てるのかなど他にも多くの問題点がある。それらのほとんどは解決困難であり、代理母の利益や人権を侵害するだけでなく生まれてきた子どもの福祉にも反する。
　以上の理由から私は代理出産につき反対の立場に立たざるを得ない。

ここでは賛成説に対して明確な批判をしませんでした。**反対説の根拠は、そのまま賛成説への批判となる**からです。

次のように、対立する意見に対して明確に批判ができるテーマもあります。

「医師は末期がん患者に対して告知をするべきかについて、六百字以内であなたの考えを述べよ。ただし、患者は十分な判断能力を備えた十五歳以上の者であるとする。」

このテーマは昔からあるもので、いろいろな大学で何度も出題されてきました。これからも出題される可能性があり、絶対に押さえなくてはならないテーマです。

末期がん患者に対する告知については、まずこのような考えが思いつくでしょう。

①「医師に告知義務を課す」

アメリカの医療ドラマ「ER（緊急救命室）」（一九九四～二〇〇九年）を見ていると、若い医師に先輩の医師が「例の末期がんの患者さんに告知はしたのか」と尋ね、「いや、それがまだなんですよ」という答えを聞くや否や、「もたもたするな！　訴えられるぞ！　病院が潰れてもいいのか！」と怒鳴りつけるシーンが出てきます。

アメリカでは末期がん患者に対して告知をするのが普通となっていますが、それは「インフォームドコンセントの徹底」を重視しているからです。

「インフォームドコンセント」はよく「説明と同意」と訳されます。つまり「患者の病状や今後の治療方針、手術や投薬の内容などについて患者に十分に説明をしたうえで、それに同意してもらう」という概念で、患者の権利を守るためにとても重要なものです。

医師が患者を診察して末期がんだとわかった以上、そのことを患者に伝えるのは医師の義務であり、知ることは患者にとっては権利であると言えます。もし医師が独自の判断で、この患者には告知しない、あるいは告知するということを決められるとすれば、患者にとってはたまったものではないでしょう。

インフォームドコンセントを徹底することで、次のメリットもあります。

②「患者が余生を充実して生きることができる」

仮に「余命三か月」と宣告を受けたとします。残された期間で、行ったことのない場所に旅行したい、お世話になった方々に会いに行ってお礼を言いたい、家族や親しい友人とのんびり過ごしたいなど、やりたいことがたくさんあるでしょう。

しかし、医師の判断で告知がなされず、「頑張って病気を治そう」と思っているうちにどんどん弱っていき、「ああ、こんなことやあんなことをやっておきたかったなあ」と思いながら亡くなってしまうのは、本人にとってはつらいことでしょう。そうすると「医師に告知義務を課す」という考え方は妥当に思えます。

告知するという考え方は、次のことを前提にしています。

③「人はそんなに弱い存在ではない」

確かに末期がん告知によってショックを受け、生きる意欲を失うかもしれませんが、人にはそのショックから立ち直り、残された人生を充実して生きることができるだけの強さがあるという考えです。

そして次も理由の一つになるでしょう。

④「自己決定権の尊重」

末期がんだとわかった時に、残された人生をどう生きるかを決めるのは医師ではなく、患者自身なのですから。

以上の四つの理由を根拠に答案を書くこともできますが、これだけでは説得力のある答案は書けません。**賛否両論があるテーマについては、自分とは異なった意見への理解と配慮が必要**だからです。

少し余談になりますが、「余命宣告」というのはかなり曖昧なものであることを知っていますか。

よくテレビドラマや映画で、医師が「残念ながら余命半年です」と患者やその家族に伝えるシーンがありますが、その「半年」という期間にははっきりとした根拠はありません。あくまで医師の経験に基づくもので、この状況だと半年くらいかなと思って宣告しているのです。そしてその期間は短めに言うのが普通です。

なぜなら「余命半年」と宣告された患者が三か月で亡くなってしまうと遺族は不満に思うでしょうが、逆に一年後に亡くなった場合は誰も文句は言わないからです。実際に宣告された余命期間よりも長く生きた例は、いくらでもあります。

では本論に戻ります。

「医師に告知義務を課す」という考え方とは異なる考え方はこのようになります。

⑤「告知について医師の裁量を認める」

アメリカでは末期がん患者に告知をするのが普通ですが、日本では告知をしないことも珍しくありません。合理的な考え方をする欧米人とは異なり、日本人は曖昧さを好むという国民性によるものだと言われています。このことがいいか悪いかをここで議論するつもりはありませんが、それが現実だということです。

日本人は権利や義務に対する意識も希薄だと言えます。「これは私の権利だ!」と強く主張する人を日本人は敬遠し、「まあまあ、そんなに言わなくても」と収める、よく言えば穏やか、悪く言えば中途半端なところが日本人の特徴だとも言えるでしょう。末期がん告知についても、自分が末期がんであることを知りたいけれど知りたくない、というのが多くの日本人の考え方です。

したがって、「告知について医師の裁量を認める」という考え方をとれば、その理由は次のようなものになるでしょう。

⑥「告知を受けたからといって残りの人生を充実して生きることができるとは限らない」

精神的に不安定になって他人を傷つけたり自殺を図ったりすることを「自傷他害」と言いますが、告知を受けたことで自暴自棄になり、自傷他害をする可能性も決して低くはありません。つまり、理由としてこうも言えるはずです。

⑦「人は弱い存在である」

仮に医師に告知義務を課したとしても、実際の医療現場ではそんなに簡単に事は運ばないでしょう。患者を目の前にすれば、告知できなかったり告知を遅らせたりすることも当然あるはずです。そしてそのことで訴えられることもあり得ます。患者を思うあまりに、後で医師が訴えられるようなことがあってはならないという理由も挙げられるでしょう。

⑧「もし医師に告知義務を課してしまえば、患者に告知するか否かで悩み、結果的に告知しなかった、あるいは告知が遅れた医師に、訴訟リスクなどの過度のリスクを負わせることになる」

ここで、どちらの考えに立つのかを決めなければなりません。

「医師に告知義務を課す」（①）という立場に立つのなら、構成はこのようになります。

「末期がん患者に対する告知について、医師の裁量を認めるべきという考えがある」（⑤）

←

「人は弱い存在なので、告知を受けることで自暴自棄になることが十分にあるからだ」（⑦）

←

「しかし、どんなにつらいことからも立ち直るだけの強さが人にはあるので、告知をする方が残りの人生を充実して生きることができる」（②③）

←

「インフォームドコンセントを徹底し自己決定権を尊重すれば、医師に告知義務を課す方が論理的である」（④①）

しかし、これだけの内容で六百字の答案を書き上げるのは至難の業です。字数配分をする時に、そのことに気付かなければなりません。

では逆に「医師の裁量を認める」（⑤）という立場に立てば字数的には足りるのでしょうか。この場合はこのような構成になるでしょう。

「末期がん患者に対する告知について、医師に告知義務を課すべきだという考えがある」（①）

←

「これはインフォームドコンセントを徹底し自己決定権を尊重することで、患者が残された人生を充実して生きる権利を保障するものだ」（④②）

←「しかし告知を受けたからといって、患者が余生を充実して生きることができるとは限らない」⑥

←「患者に告知するか否かで悩む医師に、訴訟リスクなどの過度の負担を負わせることになる」⑧

←「だから医師の裁量を認めるべきだ」⑤

こちらの立場で書いても字数的にはやや足りないかもしれません。そこで、さらに次の展開を考えます。

「医師の裁量を認めたとしても、それは全くの自由な裁量であっていいわけではない」

←「告知をするか否かの基準をしっかり決め、それについて複数の医師が判断すればいいのではないか」

このように書けば、内容的にも字数的にも十分だと思います。もちろん構成の仕方はいくつもありますから、この構成にとらわれる必要はありません。

「末期がん患者に対する告知について医師の裁量を認める」という立場からの模範答案を見てください。

　末期がん患者への告知については、医師に告知義務を課すべきだとする考えと医師の裁量を認めるべきだという考えがある。

　医師に告知義務を課すべきだとする考えは、インフォームドコンセントの徹底と患者の自己決定権の尊重を重視する。つまり末期がんであるということが判明した時に医師が患者に病状を正確に伝え、その後の方針を患者自身に決定させることは医師の義務であるとともに患者の権利であると考えるのである。

確かにこのような考えを徹底すれば、患者が現実を受け入れたうえで残された人生を有意義に過ごせる可能性は高くなるだろう。しかしその一方で、患者が現実を受け入れることができず人生に絶望し、自暴自棄になったり、時には自傷他害に及んだりする危険性もある。さらに、もし医師に告知義務を課してしまえば、目の前の患者に告知するか否かで悩み、告知しなかったり告知を遅らせたりした医師に訴訟リスクなどの過度の負担を負わせることになってしまう。

やはり私は告知の可否、時期、内容について医師の幅広い裁量を認めるべきだと考える。もっとも医師も人である以上は判断ミスを犯す可能性もあり、全くの自由な裁量であってはいけない。そこで、告知について適切な判断がなされるためには、複数の医師が患者の年齢、余命期間、家庭環境、家族の意向、告知が治療に与える影響などの様々な事情を総合的に考慮する必要があると考える。

このレベルの答案を書けるようになるにはなかなか大変ですが、答案を書くたびにきちんと構成をする習慣を身に付ければ、必ず書けるようになります。自分の考えだけを書いていては説得力のある答案にはなりません。**自分とは異なる考えにも目を向けることで、自分の考えをさらに深める**ことができるようになるのです。

構成の応用について、もう一つだけ例を挙げて説明していきましょう。医学部受験の小論文には次のような問題もあります。

「児童虐待についてあなたの考えを述べなさい。」という問題です。

このような社会問題についてズバリ問われた時に、どのように書けばいいのか迷う受験生も多いはずです。

医学部受験で出題が予想される社会問題には、他に**「老老介護」「少子化」「格差社会」「地球温暖化」「高齢社会」**などがあります。医療には直接関係ありませんが、書けるようにならなければいけないテーマです。

児童虐待が年々増加しているということくらいは知っていると思います。そこでまず列挙の段階で最初に挙げるのは、「児童虐待は年々増えている」ということです。これを正確に言うと、「児童相談所の相談対応件数は年々増加している」となります。

この「児童相談所の相談対応件数」とは、「子ども本人や虐待を行っている保護者からの相談と近隣住民や関係機関等もしくは匿名による通告に児童相談所が対応した件数」を意味します。ここまで正確な定義を覚えておく必要はありませんが、だいたいのことは書けるようにしておきましょう。

次に多くは、「虐待は許されない」「どうすれば虐待をなくせるのか」と考えるでしょう。ニュースをよく見ていれば、「虐待には身体的虐待、心理的虐待、性的虐待、ネグレクトの四種類がある」ということを挙げることができるでしょう。

さらに、「虐待をなくすには国や地方自治体が支援をするべきだ」「虐待はいけないということを親に教えていく必要がある」「自分の行為が虐待であるということを、親にわからせなければならない」などの、「児童虐待をなくすための方法」もあります。

よくある答案のパターンに、他には何も思いつかないので、以前にニュースで見たことのある痛ましい児童虐待事件を例に挙げて字数を稼ぐというものがあります。そのような答案は、一応合格点はもらえるとは思いますが、小論文が点数化されている大学なら平均点、段階評価なら中間くらいにしかならないでしょう。

なぜなら、**「児童虐待が起きる原因」について全く考察していない**からです。何か問題が起きた時に、多くの人は解決策にばかり目を向けようとしますが、原因がわからなければ適切な対策など絶対に立てられないのです。

例えば、医学部受験に失敗した時、多くの受験生は「来年こそ合格してやる。頑張るぞ！」と思うでしょう。しかしそれでは来年も同じ結果に終わる可能性が高いと言わざるを得ません。まずは自分がなぜ受験に失敗したのかを冷静に考え、その原因を知ったうえで、来年合格を果たすための対策を考える必要があるのです。

「今年の受験はもう終わったのだから来年のことを考えよう」と家族や友人、先生も言いますが、それではいけません。自分自身を見つめ直し、自分に足りないものは何かを知ろうとすることはつらいことですが、合格のためにはぜひやらなければいけません。

「児童虐待」のような社会問題については、次の流れで書くのが鉄則です。必ず覚えておいてください。

現状→原因→対策

児童虐待が起きる原因を考えると、いくつかのことを思いつくはずです。思いつかないのであれば、これを機に覚えておいてください。虐待をする親についてです。

原因①「子育てへの不安やストレスを誰にも相談できず、その不安やストレスを子どもにぶつけてしまう」

原因②「経済的な不安のために心が荒《すさ》み、子どもに深い愛情を注げなくなる」

原因③「しつけと虐待の区別がつかない」

原因がわかれば対策を立てることもできるでしょう。

原因①「子育てへの不安やストレスを誰にも相談できず、その不安やストレスを子どもにぶつけてしまう」に対しては、対策①「子育ての悩みを打ち明けたり相談したりできる機会を行政が設ける」。

今現在、このような機会を設けている自治体もありますが、まだまだ少ないです。悩みを打ち明けたり相談したりする相手は、育児の専門家である必要はありません。子育てをしている親同士が集まって交流を持つことでも、育児不安やストレスは随分解消されるものです。

原因②「経済的な不安のために心が荒み、子どもに深い愛情を注げなくなる」に対しては、対策②「格差社会の解消、景気の改善、経済的な子育て支援を行政が進めていく」。

特に経済的な子育て支援は最も実行しやすい対策です。なぜなら格差社会の解消や景気の改善には時間がかかりますが、経済的な子育て支援は財源さえ確保できれば実行できるからです。

原因③「しつけと虐待の区別がつかない」に対しては、対策③「子育て経験者に相談する機関を行政が設ける」。

この原因③に対しては、「どのような行為が虐待なのかがわかるようなガイドラインを行政が作る」という考えもあるでしょう。しかし、全ての家庭にはそれぞれ異なった教育方針があり、悪いことをすれば外に締め出すという教育をしてきた家庭と、何があっても諭すだけという教育をしてきた家庭とでは、その行為の持つ意味が違ってきます。どこまでがしつけで、どこからが虐待なのかを一概に判断することはできない以上、ガイドラインなど作っても意味がありません。

子育て経験のある人に、親が、これまでにどのような教育を行ってきたのかを説明したうえで、「私が子どもにした行為は虐待なのでしょうか」と聞けば、「そうね。それは少しやりすぎかもしれないわね」とか、「いやそれは虐待ではないと思うよ」などと答えてくれるでしょう。そうすることで親自身も頭の整理ができるかもしれません。同時に「子育て経験者」の雇用も創出できます。

以上の原因と対策を踏まえて整序していくと、構成は二つ考えられます。

まず「導入部分↓原因①↓対策①↓原因②↓対策②↓原因③↓対策③」という構成です。

導入　「児童相談所の相談対応件数は年々増加している」

↓

原因①「子育てへの不安やストレスを誰にも相談できず、その不安やストレスを子どもにぶつけてしまう」

↓

対策①「子育ての悩みを打ち明けたり相談したりできる機会を行政が設ける」

↓

原因②「経済的な不安のために心が荒み、子どもに深い愛情を注げなくなる」

↓

対策②「格差社会の解消、景気の改善、経済的な子育て支援を行政が進めていく」

↓

原因③「しつけと虐待の区別がつかない」

↓

対策③「子育て経験者に相談する機関を行政が設ける」

次に「導入部分↓原因①②③↓対策①②③」という構成です。

導入　「児童相談所の相談対応件数は年々増加している」

↓

原因①「子育てへの不安やストレスを誰にも相談できず、その不安やストレスを子どもにぶつけてしまう」
原因②「経済的な不安のために心が荒み、子どもに深い愛情を注げなくなる」
原因③「しつけと虐待の区別がつかない」
↓
対策①「子育ての悩みを打ち明けたり相談したりできる機会を行政が設ける」
対策②「格差社会の解消、景気の改善、経済的な子育て支援を行政が進めていく」
対策③「子育て経験者に相談する機関を行政が設ける」

ここでは**原因と対策をきちんと対応させる**ことを意識してください。原因を①→②→③の順に示しておきながら、対策は③→①→②のように順番がばらばらだと、減点の対象になります。

「児童虐待についてあなたの考えを述べなさい。」というテーマについては、この程度の構成ができれば十分なのですが、もう一歩踏み込んだ論述を説明します。

対策①②③は「児童虐待が起きないようにするための対策」ですが、これらの対策をどんなに推し進めていっても、児童虐待は必ず起きます。悲しいことですが、減らすことはできてもなくすことはできません。

どのような対策をとっても児童虐待が起きるのなら、**再発を防止する方法にまで考えを及ぼさなければなりません。**「どうすれば児童虐待の再発を防げるのか」ということです。

児童虐待の再発防止に力を注いでいるのは、児童相談所であり、児童福祉司です。児童相談所は全国に二百数か所しかなく、増設が求められています。また児童福祉司は児童福祉のエキスパートで、児童虐待が起きた時に親子が安心して暮らせる環境を整える役割を担っていますが、人数が少ないため一つひとつの案件にあまり時間を割くことができず、きめ細かい対応ができていないのが現状です。

そこで答案では、「児童相談所の増設と児童福祉司の増員」を挙げるといいでしょう。

以上の構成を踏まえて書いた模範答案が次です。

　近年、児童相談所での相談対応件数がほぼ毎年のように数千件単位で増加しているが、その原因と対策を考える必要がある。

　児童虐待が起きる最大の原因は育児不安である。核家族化の進行や地域社会での関係の希薄化によって、子育てに悩みストレスを抱えている親がその気持ちを誰かに打ち明け相談することができず、その不安やストレスを子どもにぶつけてしまうことが多い。また、経済的不安のために心が荒み、子どもに深い愛情を注げなくなってしまう場合もある。さらに、しつけと虐待の区別がつかず、無意識のうちに虐待をしてしまっている場合も多い。

　そこで、子育てをしている親同士が気軽に集まり交流や相談ができる機会を行政がもっと積極的に提供していく必要がある。また、経済的不安を軽減するために格差社会の解消や景気の改善を図るとともに、経済面での子育て支援も大切である。さらに、どのような行為が虐待に当たるのかを子育て経験者に相談できる機関を行政が設けるべきである。

　以上の対策によって児童虐待を防止することが最も大切であるが、それとともに児童虐待が起きた時に再発を防止し親子が安心して暮らせる環境を整えることも大切である。しかし、児童相談所や児童福祉司の数が非常に少なく、それぞれの案件へのきめ細かい対応ができない場合があるのが現実である。そこで、それらの数を大幅に増やし児童虐待の再発を防止することも必要であると私は思う。

この答案ならどの大学であっても最上位の評価を受けるだろうと思います。

これで「構成の応用」についての説明は終わりますが、まだまだ多くのパターンの問題があります。それらについては第４章で詳しく説明します。

第3章 正確な表現を身に付ける

第1節 下手な文章にありがちな七つの特徴

第2章では小論文の命である「構成」について説明しました。ただ構成ができるようになったからといって、合格答案が書けるわけではありません。構成した内容を正確に答案に表現できて初めて合格点が取れるのです。

ここでは、下手な文章にありがちな七つの特徴を紹介していきます。答案にこれらの特徴があったなら、一刻も早くそれを直すように意識してください。この七つの特徴が答案からなくなった時が合格の時になるはずです。

例を見ていきましょう。問題のテーマは次のようなものです。

「あるテレビ番組で障がい者が芸能人と歌を歌ったりダンスをしたりするコーナーに対して、それは『感動ポルノ』ではないかという批判が起きています。そのことについてあなたの考えを六百字以内で書きなさい。」

「感動ポルノ」とはオーストラリアのステラ・ヤング氏が初めて使った言葉で、「過度な演出のもとに障がい者の姿を映し出すことでそれを見ている人に感動を押し付けること」を意味します。

　あるテレビ番組で、ダウン症の子ども達が、芸能人とダンスを踊ったが、それに対して障がい者を食い物にしている、視聴者を馬鹿にしている、などという批判があったが、確かに、視聴者に感動を押し付けるかのような番組作りの根底には、障がい者は劣った存在であるという考え方や、健常者に自分は障がい者よりももっとましな存在だといい気持にさせておけば視聴率が上がるだろうという嫌らしい考え方が透けて見える。

　しかし、障がい者を取り上げた番組作りをやめるべきだと思わない。なぜなら日常生活において障がい者を取り巻く様々な現実を知る機会は健常者にはほとんどなく、このような番組を通してでしか知ることは難しい。特に青少年にとっては障がい者と健常者がともに生きていくことの大切さを知るいい機会にもなるのではないだろうか。

　もちろん「感動ポルノ」と言われるような障がい者をモノとしか考えない番組作りは許されるべきではない。私はこのような番組は障がい者への理解をふかめるどころか差別や偏見を助長することにつながるからである。たいせつなことは、障がい者が何を考え、社会に何を望み、健常者は彼らとどのように関わっていくべきなのかをきちんと伝えること。障がい者は健常者に常に助けられるべき存在ではなく、ともに人生をいきる対等なパートナーであるということを一人でも多くの人に実感できる番組作りを期待したいと私は思う。


答案の内容自体は決して悪くありませんが、表現面では０点です。表現ミスを理解するために、「下手な文章にありがちな特徴」を一つずつ見ていきましょう。

特徴①　**一文が長い**

答案の第一段落を見てください。

「あるテレビ番組で、ダウン症の子ども達が、芸能人とダンスを踊ったが、それに対して障がい者を食い物にしている、視聴者を馬鹿にしている、などという批判があったが、確かに、視聴者に感動を押し付けるかのような番組作りの根底には、障がい者は劣った存在であるという考え方や、健常者に自分は障がい者よりももっとましな存在だといい気持にさせておけば視聴率が上がるだろうという嫌らしい考え方が透けて見える。」

原稿用紙では五行ですが、一文で書かれています。この長い一文には読みにくさを感じます。一つの文の中にあれもこれもと盛り込むことで、理解しにくい文になっているのです。「**一文が長いと読みにくい**」ということが言えます。

一文が長いということには、「読みにくさ」以外にもう一つ、「**表現ミスをしやすくなる**」という大きなデメリットがあります。主語と述語が対応しなくなる、主語や述語が複数あるなどのミスをしがちになるのです。

一文はできるだけコンパクトにしましょう。一行二十字の場合の目安としては「**一文は五行以内に。どうしても仕方のない時でも七行以内**」です。これを意識することで文章の印象は随分変わります。

一文を長く書く人の多くは答案を書いている途中で読み返しません。一気に書いておしまいという感じです。だからミスにも気付きませんし、自分の文章の読みにくさを感じることもありません。いくら練習を重ねても、なかなか上達はしないでしょう。答案を書く時には、**少なくとも段落ごとに必ず読み返してください**。答案を書き終えた後でミスに気付いてもどうしようもありません。

ちなみに、一文が長いことにメリットがないわけではありません。一文が長いと読み手は一気に読まなくてはなりませんが、一気に読ませることで答案に迫力が生まれます。ここでいう「迫力」というのは「力強さ」です。確かに自分の主張を強く伝えたい時には一文を長くするというテクニックもありますが、この手法を使えるのは相当な文章力の持ち主だけですから受験生にはお勧めしません。

日常会話でも一文が長い人がいます。例えば次のようなものです。

「昨日、友達と映画を観に行ったんだけどさ、映画館で中学時代の友達にたまたま会って、映画が終わったらご飯食べに行こうよって話になったんだけど、親から今日は七時までに帰りなさいって言われてて、じゃあ別の日に遊びに行こうねって話したんだけど、すごく久しぶりだったから懐かしくて嬉しくなっちゃったんだよね」

主語と述語が対応できていない変な日本語ですが、会話をしている時にはそんなに違和感はないはずです。会話では一文単位で内容を理解しているわけではなく、連続した発言の内容から判断するので、一文が長くてもそれほど気にはならないのです。したがって面接試験でも一文の長さを気にする必要はありません。面接試験で気にしなくてはならないのは一つの発言の長さですが、それについては本書の面接編で詳しく説明します。

一文が長いのではなく、発言時間が長いという意味で話の長い人がいます。校長先生の話が長くていらいらしたという経験は誰にでもあるはずです。そういう人達は、自分の話が長いこと、それを聞いている人に苦痛を与えていることをほとんど意識していないと思います。

「私が話をしているのだから長くても我慢して聞きなさい」と考えるような人もいるのかもしれませんが、多くは自覚していません。「もういいから早く終わってください」と言いたくもなるでしょうが、それも一つの試練だと思って我慢するしかありません。

本論に戻ります。ここでは一文をコンパクトにすることの重要性について述べました。そこで「感動ポルノ」についての第一段落の一文をコンパクトにしてみます。

「あるテレビ番組で、ダウン症の子ども達が、芸能人とダンスを踊ったが、それに対して障がい者を食い物にしている、視聴者を馬鹿にしている、などという批判があった。確かに、視聴者に感動を押し付けるかのような番組作りの根底には、障がい者は劣った存在であるという考え方や、健常者に自分は障がい者よりもましな存在だといい気持にさせておけば視聴率が上がるだろうという嫌らしい考え方が透けて見える。」

「批判があったが、」を「批判があった。」にするだけでこの段落の印象が変わります。基本的な国語力に自信のない人は特に、一文をコンパクトにすることを意識してください。

特徴②　主語と述語が対応していない

まず、**主語がない文**の場合です。「感動ポルノ」についての答案の第二段落を見てください。次の一文には主語がありません。

「しかし、障がい者を取り上げた番組作りをやめるべきだと思わない。」

もちろん主語を示さなくてもいい場合もありますが、この文のように、誰が「思わない」のかという述語の主体がわからない場合は主語をきちんと示さなければいけません。

この答案で言えば、主語は「視聴者は」「テレビ制作会社は」「私は」「障がい者やその家族は」などいくつも考えられますが、もし「思わない」の主語が「視聴者は」であるとすれば文の意味が大きく変わってきます。こういうことを避けるために、ここでは正確に「私は」と書かなければいけません。

「しかし、障がい者を取り上げた番組作りをやめるべきだと私は思わない。」

次の文章を見てください。

「医師は患者のために存在している。だから自分のことよりも患者のことを最優先に考えなければならない。自分の利益を優先してはならないのだ。」

この場合は「考えなければならない」と「優先してはならないのだ」の主語が、ともに「医師は」であることは明らかです。だから主語を書かなくてもいいのです。

「医師は患者のために存在している。だから医師は自分のことよりも患者のことを最優先に考えなければならない。医師は自分の利益を優先してはならないのだ。」のように、「医師は」という主語を繰り返せば、これもまたおかしな感じがします。わかりきっていることを繰り返して書くとくどい印象を与えてしまうのです。

この文章の場合はどうでしょうか。

「医師は患者のために存在しているが、だからといって医師に理不尽な要求をしてはならない。そのような要求を受けた時は毅然とした態度で対処すべきである。」

二つ目の文の「対処すべきである」の主語は明らかに「医師は」なので、このままでも構いませんが、最初の文の「要求をしてはならない」の主語は「医師は」でないことは明らかです。医師が医師に理不尽な要求をすることなど考えられませんから。この場合は医師以外の者、例えば患者が主語になるはずです。こういう時は必ず主語を書かなければいけません。

「医師は患者のために存在しているが、だからといって患者は医師に理不尽な要求をしてはならない。そのような要求を受けた時は毅然とした態度で対処すべきである。」

次は**主語と述語が全く対応しない**場合です。答案の第三段落に次のような一文があります。

「私はこのような番組は障がい者への理解をふかめるどころか差別や偏見を助長することにつながるからである。」

主語は「私は」なのに述語は「つながる」というように、主語と述語が全く対応していません。

こういうミスは意外に多く、一文が長ければ長いほど増えてきます。おそらく「私は～と考える」とするつもりだったのが、うっかり忘れてしまったのでしょう。やはり答案を書いている途中で何度か読み返す必要があります。この文の場合は「～つながると思うからである」にするべきでした。

こういう文もよく目にします。

「患者には信教の自由や自分がこれからどのように生きていくかを決める権利を持っている。」

正しくは、「患者は～権利を持っている」「患者には～権利がある」となります。

「患者は信教の自由や自分がこれからどのように生きていくかを決める権利を持っている。」

「患者には信教の自由や自分がこれからどのように生きていくかを決める権利がある。」

このような述語の対応のミスを連発する人は次のことを常に意識するようにしましょう。

文には主語と述語が必要である

一文をコンパクトにすれば、何が主語で何が述語なのかがすぐにわかるはずです。

いわゆる「体言止め」も主語と述語が対応していない表現に含まれます。体言止めとは、名詞や代名詞で文を終える表現技法のことです。余韻を残したりリズムを整えたりするために用いられ、短歌や俳句などでよく使われます。

この体言止めを小論文の答案で使う人がいます。例えばこのような使い方です。

「医師に必要な資質はたくさんある。まず必要なのは思いやりの心。そしてコミュニケーション能力。協調性。リーダーシップ。これらのものを兼ね備えることが重要。」

体言止めはテンポがよく、読み手が理解しやすいというメリットがありますが、小論文では禁止です。なぜなら、**体言止めを使うと主語と述語が正確に対応しなくなる**からです。

二つ目の文で言えば、「必要なのは」という主語に対応するのは「思いやりの心である」という述語であって、「思いやりの心」では述語にはなりません。だからこの文章は次のように書かなければならないのです。

「医師に必要な資質はたくさんある。まず必要なのは思いやりの心である。そしてコミュニケーション能力、協調性、リーダーシップなども必要だ。これらのものを兼ね備えることが重要なのである。」

最後に、**主語と述語は書かれていても正確に対応していない**例を挙げましょう。

「私が保育士になりたい理由は子どもが好きだからだ。」

この文の主語は「理由は」であるのに対して述語は「好きだからだ」となっており、主語と述語が対応していません。正しい表現は次のようになります。

「私が保育士になりたいのは子どもが好きだからだ。」

「私が保育士になりたい理由は子どもが好きということだ。」

同じような例をもう一つ挙げます。

「私がアメリカに行く目的は英語を勉強するためだ。」

これも間違った表現で、正しくは次のようになります。

「私がアメリカに行くのは英語を勉強するためだ。」

「私がアメリカに行く目的は英語を勉強するということにある。」

特徴③ **言葉の呼応ができていない**

言葉の呼応とは、「文中で、ある言葉を使うと、その後でそれに応じて決まった表現や言葉がくるというルール」です。

「もし～なら」　「たとえ～でも（ても）」

「どんなに～でも」　「たぶん～だろう」

「なぜなら～からである」　「全く（全然）～ない」

これらが正しく使えない受験生は非常に多く、特に「なぜなら～からである」は医学部受験生の四人に一人は間違えるので要注意です。

「感動ポルノ」についての答案では、第二段落に次のような一文があります。

「なぜなら日常生活において障がい者を取り巻く様々な現実を知る機会は健常者にはほとんどなく、このような番組を通してでしか知ることは難しい。」

「なぜなら」に対する「～からである」という部分がありません。正しくはこのようになります。

「なぜなら日常生活において障がい者を取り巻く様々な現実を知る機会は健常者にはほとんどなく、このような番組を通してでしか知ることは難しいからである。」

また、「もし医師不足が改善されない場合」「たとえどんなに頑張った場合」などは、「もし医師不足が改善されなければ」「たとえどんなに頑張ったとしても」にするべきです。

これらの呼応についてはしっかり頭に入れておきましょう。

なお「全く（全然）〜ない」に関しては、最近は「全く大丈夫です」「全く元気です」という言い方をします。厳密には不正確な表現ですが、おそらく何十年もずっと使われてきた表現なので、今では許されると考えてもいいと思います。

「たり」の呼応も間違いやすいです。「たり」には二つの使い方があり、「もし医学部に合格したら一人旅をしたいと思ってみたりもする。」という使い方は間違っていません。問題は複数のものを書き並べる場合で、「もし医学部に合格したら旅行をしたり仲間とサッカーをするつもりだ。」というのが誤った表現です。

複数のものを書き並べる場合は、「**AしたりBしたりする**」と二つの「たり」を呼応させなければいけません。先の文は「もし医学部に合格したら旅行をしたり仲間とサッカーをしたりするつもりだ。」が正しい文になります。この「たり」の呼応は「対応」と呼ばれることもあります。

他ではこのようなものもあります。

「私は彼の会話に違和感を感じた。」

「○○感を感じる」という表現はニュースキャスターなどでさえ時々使っているのを耳にします。しかし「○○感」という言葉の中には「〜を感じる」という意味が既に含まれているので、「○○感を感じる」では意味の重複があります。「頭痛が痛い」というのと同じです。「感じる」ではなく別の表現にする必要があります。

「違和感がある」「違和感を覚える」「違和感を抱く」とするのが正しい表現です。これを機に覚えておきましょう。

医学部に合格した時に祝賀会の席で、「一生懸命努力して勝ち取った合格なので今は達成感を感じています」などと言わないようにしてください。

特徴④　**うまく接続詞が使えない**

接続詞はとても便利なもので、文と文とをうまく繋げてくれます。もちろん接続詞を全く使わずに文章を書くことも可能ですが、よほど文章の上手な人でない限りそれは難しいと思います。また接続詞を使わなければ必然的に一文が長くなってしまいます。「下手な文章にありがちな特徴①」で説明したように、それは避けなければいけません。

接続詞には主に次のような種類がありますが、ここではそれぞれの一部を示しておきます。

順接…だから・すると・そのため
逆接…しかし・だが・それにもかかわらず
添加…そして・そのうえ・しかも
並列…また・および
対比…逆に・一方
選択…または・あるいは
説明…なぜなら・というのは
補足…なお・もっとも・ただ
例示…例えば・いわば

これらの中で最もミスが多いのは、やはり呼応が問題となる「なぜなら・というのは」などの説明の接続詞です。しかし呼応ができていないとしても致命的なミスとまでは言えません。**致命的なミスになりかねないのは逆接の接続詞**です。

「私は野球部でピッチャーをしていた。しかし数学は苦手だった。」

この文は「しかし」の使い方がおかしいです。「しかし」の前後の内容は逆接で繋がる関係にないことは誰の目にも明らかだからです。

次はもう少し微妙な例を見てみましょう。

「私は野球部でピッチャーをしていた。しかし甲子園出場の夢を叶えることはできなかった。」

「野球部でピッチャーをしていた」ということと、「甲子園出場の夢を叶えることはできなかった」ということは、一見すると繋がりがあるように見えるかもしれませんが、よく考えるとそうではありません。なぜなら、野球部でピッチャーをしている人が全て甲子園出場を夢見ているわけではなく、単に野球が好きなだけという人も決して少なくはないからです。これら二つの文は逆接の関係ではありません。

逆接の接続詞で繋げるのなら次のような二つの文になるはずです。

「私は野球部でピッチャーとして甲子園出場の夢を叶えるために一生懸命練習をした。しかしその夢を叶えることはできなかった。」

「甲子園出場のために一生懸命練習した」ということを先に示してこそ、後で「しかしその夢は叶わなかった」という文に繋がっていくのです。このようなミスは気付かないうちにしてしまうことが多く、添削を受けて初めてわかることが多いと思います。

逆接の接続詞を使う場合は特に、**接続詞の前後が逆接の関係にあるのか**を常に意識してください。

ではもう一つ例を示しましょう。これは逆接の接続詞の多用の例です。

「確かに挨拶や礼儀は重要である。しかし仕事をする場合において、実力とは関係のない挨拶や礼儀だけで企画の評価を決めることについて私は納得できない。なぜなら企画が成功するか否かを最終的に決めるのは企画内容であると思うからだ。だが挨拶や礼儀のなっていない者が考えた企画を成功させるために他の社員が尽力しないことがあるかもしれない。しかしそのような社員のいる会社では生き残っていけないと思う。」

とても読みにくい文章です。このように逆接の接続詞を多用すると、論理が二転三転しているように読めてしまい、矛盾答案だと評価される危険性もあります。それだけに逆接の接続詞を使う時には特に慎重さが求められます。

ではここで「感動ポルノ」についての答案をもう一度見てみましょう。ただし、「下手な文章にありがちな特徴①～③」を踏まえて、その部分については正しい表現に変えてあります。

　あるテレビ番組で、ダウン症の子ども達が、芸能人とダンスを踊ったが、それに対して障がい者を食い物にしている、視聴者を馬鹿にしている、などという批判があった。確かに、視聴者に感動を押し付けるかのような番組作りの根底には、障がい者は劣った存在であるという考え方や、健常者に自分は障がい者よりももっとましな存在だといい気持にさせておけば視聴率が上がるだろうという嫌らしい考え方が透けて見える。

　しかし、障がい者を取り上げた番組作りをやめるべきだと私は思わない。なぜなら日常生活において障がい者を取り巻く様々な現実を知る機会は健常者にはほとんどなく、このような番組を通してでしか知ることは難しいからだ。特に青少年にとっては障がい者と健常者がともに生きていくことの大切さを知るいい機会にもなるのではないだろうか。

　もちろん「感動ポルノ」と言われるような障がい者をモノとしか考えない番組作りは許されるべきではない。私はこのような番組は障がい者への理解をふかめるどころか差別や偏見を助長することにつながると考えるからである。たいせつなことは、障がい者が何を考え、社会に何を望み、健常者は彼らとどのように関わっていくべきなのかをきちんと伝えることである。障がい者は健常者に常に助けられるべき存在ではなく、ともに人生をいきる対等なパートナーであるということを一人でも多くの人に実感できる番組作りを期待したいと私は思う。

第二段落の冒頭に「しかし」という逆接の接続詞がありますが、正しい使い方でしょうか。

第一段落の内容は「あるテレビ番組には批判が多い。それは障がい者を必要以上に特別扱いすることで視聴者に感動を押し付けようとしているからだ」ということです。それに対して、第二段落の最初の一文では「障がい者を取り上げた番組作りをやめるべきではない」ということを述べています。

両者は逆接の関係にはありません。なぜなら第一段落では「あるテレビ番組のような番組をやめるべきだ」と主張しているわけではないからです。視聴者に感動を押し付けているとしても、このような番組をやめるべきだということにすぐに繋がるわけではないのです。

もし第一段落に「あるテレビ番組のような障がい者を扱う番組作りはやめるべきだ」という記述があれば、第二段落の「しかし」はこのままでいいのですが、そうでない限り、ここは「もっとも」にするべきです。

このように一見すると逆接の接続詞が使えそうな場面でも、実は違うということがよくあります。逆接の接続詞が正確に使えるようになれば文章力は大幅に向上したと言えるでしょう。

ところで、接続詞を使う時に、同じ接続詞を繰り返し使う人が意外にたくさんいます。例えば、「大学入学後および卒業後の展望」というテーマで書く時に次のような答案を書く人がいます。

　私は高校では部活に入っていなかった。なぜなら家から学校までが遠く、部活をやると帰宅時間が遅くなると思ったからだ。そこで大学ではサッカー部に入りたいと思っている。なぜなら中学三年生になるまでサッカーをしていたからだ。また大学に入学したらアメリカに留学したいと思っている。なぜなら最先端医療をこの目で見てみたいからだ。卒業後は研究医ではなく臨床医になりたい。なぜなら一人ひとりの患者と触れ合って丁寧な診察をしたいからだ。

まるで小学生の作文です。ここまでひどいものはめったにありませんが、同じ接続詞を三つ連続して使う人は結構います。内容的には間違いではありませんが、できれば他の表現を使うようにしましょう。

　私は高校では部活に入っていなかった。なぜなら家から学校までが遠く、部活をやると帰宅時間が遅くなると思ったからだ。そこで大学ではサッカー部に入りたいと思っている。というのも中学三年生になるまでサッカーをしていたからだ。また大学に入学したらアメリカに留学したいと思っている。それは最先端医療をこの目で見てみたいからだ。卒業後は研究医ではなく臨床医になりたい。なぜなら一人ひとりの患者と触れ合って丁寧な診察をしたいからだ。

印象が少し変わったのがわかるでしょうか。文章を書く時に同じ表現の繰り返しを避けるのは、接続詞に限ったことではありません。同じ表現を繰り返すと稚拙な印象を採点官に与えてしまい、採点が必然的に厳しくなります。
また、小論文の答案で使ってはいけない接続詞があります。例えば、「なので」「結果」「だって」などです。これらの接続詞は日常会話では使えますが、あくまで会話でのみ使う「話し言葉」ですから、小論文のような正式な文章では使えません。ちなみにこれらの接続詞はそれぞれ、「そのため・したがって・だから」「その結果」「しかし・だが」に変えるべきです。

採点官の印象が悪くなるということでは、字が汚い場合が挙げられます。字が汚いと読むのに時間がかかり採点官はいらいらしてしまいます。さらに、字が薄い、小さいというのが重なれば、そのいらいらは限界に達します。

字が汚い人というのは子どもの頃から「もっと字をきれいに書きなさい」と言われてきたでしょう。しかし、字の汚い人はどうやっても汚い字しか書けません。ではどうすればいいのかというと、**字を大きく、濃く、丁寧に書けばいい**のです。

「字をきれいに書く」というのと「字を丁寧に書く」というのは違います。少しでもゆっくり丁寧に書けば、読むには困らないくらいの字が書けるようになります。字の汚い人は知らないうちに思わぬ不利を受けている可能性があります。努力を無駄にしないためにも、字を丁寧に、濃く、大きく書くことを意識して欲しいものです。

特徴⑤　**無駄な読点《とうてん》が多い**

読点は意味の切れ目を示し、文を読みやすくするためのものですが、特に理由もなく適当に使っている人が多いように思います。しかし読点一つで文の意味が変わってしまうことさえあります。例えば次の文を見てください。

「私は医師である祖父と父の影響を受けて医師になりたいと思うようになった。」

この一文は、祖父と父の両方が医師であるように読めます。

「私は医師である祖父と、父の影響を受けて医師になりたいと思うようになった。」

この場合は医師は祖父だけだということがわかります。一見すると同じ内容に思えても読点一つで意味が全く異なってしまうのです。

もう一つ例を示します。

「私は受験勉強を続けてきたが、夢を諦めて他学部に進学した友人とも今でも交流がある。」

「私は、受験勉強を続けてきたが夢を諦めて他学部に進学した友人とも今でも交流がある。」

二つの文の違いは何でしょうか。前者では受験勉強を続けてきたのは自分で、夢を諦めたのは友人ということになりますが、後者では受験勉強を続けてきたのも夢を諦めたのも友人ということになります。多くの人はこのような違いを考えずに適当に読点を使ってしまいます。

では、「感動ポルノ」についての答案の第一段落の文章をもう一度見てみましょう。もちろん「下手な文章にありがちな特徴①～④」で指摘したことを踏まえて正しい表現にするべき部分はそうしてあります。

「あるテレビ番組で、ダウン症の子ども達が、芸能人とダンスを踊ったが、それに対して障がい者を食い物にしている、視聴者を馬鹿にしている、などという批判があった。確かに、視聴者に感動を押し付けるかのような番組作りの根底には、障がい者は劣った存在であるという考え方や、健常者に自分は障がい者よりももっとましな存在だといい気持にさせておけば視聴率が上がるだろうという嫌らしい考え方が透けて見える。」

この段落の最初の文には無駄な読点があるため間延びした印象を受けます。ここは次のようにしなければいけません。

「あるテレビ番組でダウン症の子ども達が芸能人とダンスを踊ったが、それに対して障がい者を食い物にしている、視聴者を馬鹿にしているなどという批判があった。」

読点を正確に使うのは非常に難しく、指導する側も頭を悩ませることが多いのです。例えば「感動ポルノ」についての答案では「確かに」という言葉が使われていますが、この「確かに」の後に読点を使うべきか否かは難しい問題です。

また、接続詞の直後に読点を使うのかどうかも迷います。

「そして医師の使命は患者の生命と健康を守ることである。」

「そして、医師の使命は患者の生命と健康を守ることである。」

結論から言うと、これらの場合は読点を使っても使わなくても構わないのです。はっきりと決められない場面がたくさんあるのも事実なのです。**無駄な読点は文章の印象を悪くしますが、読点が少なすぎると読みにくくなりま**

す。

どちらかといえば無駄な読点を使う人の方が多いので、基本的には「読点はできるだけ使わない方がいい」ということは言えますが、逆の場合もあります。自分が無駄な読点を使ってしまうタイプか、それとも使わなさすぎるタイプなのかを早めに知ることが大切です。普段教わっている国語や小論文の先生に聞いてみることをお勧めします。

ちなみに読点の使い方で悩むのは上級者が多いです。どんなに文章力がついても、読点の使い方についてはやはり悩みます。それは読点の使い方次第で文章の意味が変わってしまうことを知っているからです。医学部小論文においても完成の域に達しつつある人なら、きっとこの意味がわかるはずです。

特徴⑥ 助詞を正確に使えない

ここまで、「一文が長い」「主語と述語が対応していない」「言葉の呼応ができていない」「うまく接続詞が使えない」「無駄な読点が多い」という、下手な文章にありがちな特徴を五つ挙げて説明してきました。

「主語と述語が対応していない」以外は文章全体に関わるものですが、たとえこれらができていなくてもそれぞれの文の意味は伝わります。一方、「主語と述語が対応していない」となるとそれぞれの文の意味が伝わらなくなる可能性があり、文章全体の意味もわからなくなります。「助詞を正確に使えない」場合もやはりそれぞれの文の意味に関わってきます。

助詞の使い方の誤りの例としては「私は医師へなりたい。」というようなものがありますが、医学部を受験する人は全般的に学力が高いので、このように明らかな間違いはほとんどしません。しかし次のような文を書く人は意外にいます。

「医療ミスをした医師に厳しく処分するのに私が反対である。」

医師は「処分する」の目的語なので、「医師に」ではなく「医師を」が正しいです。また「私が反対である」は「私は反対である」にしなくてはいけません。そうでなければまるで他の人が医療ミスをした医師を処分することに賛成しているかのようになってしまいます。

前後の内容次第では「私が」でも構わない場合もありますが、一文だけのときは「私が」ではおかしいです。だから正しくは次のようになります。

「医療ミスをした医師を厳しく処分するのに私は反対である。」

このようなミスをする人の中には「は」と「が」を正確に使い分けることのできない人がいます。

「私はメロンパンが好きだ。」

「私はメロンパンは好きだ。」

二つの文は意味が全く違います。前者は単にメロンパンが好きなのに対して、後者はメロンパン以外のパンは好きではないという意味になります。同じように、異性に「あなたは好き」と言われれば、では誰のことは嫌いなのだろうかと気になってしまいます。

このような基本的なところをきちんと理解せずに漫然と文を書いている限り、ミスは減りません。**一つひとつの助詞にまで神経を使うことで、文章力は向上していく**のです。

では次の文を見てください。

「赤ちゃんポストが設置されることによって育児放棄を助長し、子どもが自分の出自を知る権利を侵害される。」

この文には二つの表現ミスがあります。一つは「育児放棄を助長し」の部分です。正しくは「育児放棄が助長され」です。なぜなら「赤ちゃんポストが設置されることによって」という**手段や原因を示す表現がある場合、それに続くのは受動表現であることが多い**からです。もう一つのミスは「知る権利を侵害される」です。これも受動表現なので「知る権利が侵害される」となります。

この一文を正確な表現で書けば次のようになります。

「赤ちゃんポストが設置されることによって育児放棄が助長され、子どもが自分の出自を知る権利が侵害される。」

「赤ちゃんポストの設置は育児放棄を助長し、子どもが自分の出自を知る権利を侵害する。」

後者は受動表現ではなく能動表現になるので、「育児放棄を助長し」「子どもが自分の出自を知る権利を」のままでいいのです。

なお「感動ポルノ」についての答案の中で助詞の使い方が間違っているのは、答案の最後の一文です。

「障がい者は健常者に常に助けられるべき存在ではなく、ともに人生をいきる対等なパートナーであるということを一人でも多くの人に実感できる番組作りを期待したいと私は思う。」

ここでは「一人でも多くの人に実感できる番組作り」という部分が間違っています。述語が「実感できる」である以上、主語は「一人でも多くの人が」でなければいけません。もし「多くの人に」のままにするのなら述語は「実感してもらえる」にするべきです。

正しい表現はこのようになります。

「障がい者は健常者に常に助けられるべき存在ではなく、ともに人生をいきる対等なパートナーであるということを一人でも多くの人が実感できる番組作りを期待したいと私は思う。」

「障がい者は健常者に常に助けられるべき存在ではなく、ともに人生をいきる対等なパートナーであるということを一人でも多くの人に実感してもらえる番組作りを期待したいと私は思う。」

助詞の正確な使い方がわからない、あるいは使い方を注意されてもどこがだめなのかが理解できないという人は、小論文の答案を書く前に**まずは基本的な国語力をつける必要があります。**

次の節でも詳しく説明しますが、答案を書かない限り文章力は向上しません。しかし基本的な国語力が欠如したままで答案を書く練習をしても意味がないのです。小論文の練習を始める前に、三か月間でも構いませんから以下のことをやってみましょう。

「新聞や本を少しでも多く読む」

「中学レベルの国語の問題集、但し記述問題の多いものを一冊解く」

こうすることで基本的な国語力がついてきます。小論文の練習はその後からでも遅くはありません。国語力が身に付けば小論文だけでなく英語の成績も必ず向上します。文系科目はそのように繋がっているのです。

特徴⑦ 表記ミスが多い

表記ミスの代表的なものは誤字です。「虐待」「挨拶」「隠蔽」「遭遇」「蔓延」などの難しい漢字を書き間違えるのならまだしも、小学生でも書けるような字を正確に書けないのは問題です。以前、答案を添削中に凄い誤字を見つけました。

「人の意見をきちんと耳くのが何よりも大切だ。」

もちろん「聞く」と書くつもりだったのでしょうが、なぜか「耳く」と書いてしまったようです。もしかすると「耳を貸す」という言葉を書こうかと考えているうちに、ついうっかりこう書いてしまったのかもしれませんが、どちらにしても驚きました。


難しい字は自信がなければ平仮名でも構いません。しかし小学生でも書けるような字を平仮名にするのは感心しません。「感動ポルノ」についての答案の中にも、漢字で書くべきなのに平仮名で書いている部分がいくつもあります。

「もちろん『感動ポルノ』と言われるような障がい者をモノとしか考えない番組作りは許されるべきではない。私はこのような番組は障がい者への理解をふかめるどころか差別や偏見を助長することにつながると考えるからである。たいせつなことは、障がい者が何を考え、社会に何を望み、健常者は彼らとどのように関わっていくべきなのかをきちんと伝えることである。障がい者は健常者に常に助けられるべき存在ではなく、ともに人生をいきる対等なパートナーであるということを一人でも多くの人が実感できる番組作りを期待したいと私は思う。」

右の文章では「ふかめる」を「深める」に、「たいせつな」を「大切な」に、「ともに」を「共に」に、「いきる」を「生きる」にするべきです。**誰でも書ける漢字を平仮名にすると国語力自体を疑われてしまう**ので注意が必要です。

次に多い表記ミスは脱字です。例えばこういうものです。

「代理出産については賛成と反対の意見がる。」

自分では「意見がある」と書いているつもりなのでしょうが、書き急いだためなのか「あ」が抜けてしまっています。

「代理出産については賛成と反対の意見る。」

一文字抜けるというのはよくあるのですが、このように二文字抜けの文を書く強者《つわもの》がたまにいたりします。ミスをするのは仕方がないのですが、それに気付かないのが問題です。**少なくとも段落を書くごとに読み返しましょう。**それだけでミスの五割は減らせます。

ところで、次の文章の「イシ」は「意志」と「意思」のどちらなのかわかりますか。二つの使い分けがきちんとできますか。

「臓器移植法の改正によって、脳死が人の死であると定められた。また慢性的な脳死ドナー不足の解消のために、従来の要件に臓器提供についての本人のイシが不明の場合であっても家族の承諾だけで臓器摘出ができるという要件が新たに付け加えられた。」

広辞苑によると「意志＝物事を成し遂げようとする積極的な心の状態」「意思＝考えや思い（想い）」ですが、「臓器提供のイシ」は何かを成し遂げようとするものではなく、単に「提供しよう」という思いなので、「臓器提供の意思」になります。医学部受験生にとって医学部合格は「何かを成し遂げようとする積極的な心の状態」なので、「医学部に合格するのだという意志」になります。

同じように「保険」と「保健」、「保証」と「保障」を使い分けることができない人も多くいます。これを機にしっかり整理しておいてください。

表記ミスの中には原稿用紙の使い方に関するものも含まれます。原稿用紙の冒頭の一マス目、改行の際の一マス目は空けなくてはならないことはさすがに知っているでしょう。ミスが多いのは記号の使い方です。小論文の答案で使ってもいいのは「」（かぎかっこ）と句読点だけです。？や！、（）、…、—などは全て禁止です。例えばこんな答案を書く人がいます。

　終末期医療とは病気が進行し死期が近づいている患者に対する医療を言う。

　終末期に入ると、医師は緩和ケアと並行して手術や投薬、放射線治療によって延命処置を受けるのか、緩和ケアに専念するのかの選択を患者や家族に求めなければならない。その選択が十分な考慮のもとになされるために、医師は患者（及びその家族）に余命の長さや苦痛の程度等の情報を提供し、相談に乗る必要がある。

　この段階で緩和ケアに専念するという決定がなされると患者はどうなるのか？ほとんどの患者は転院もしくは退院し、施設ホスピスや在宅ホスピスで緩和ケアを受けることになる。この場合、医師はモルヒネ等を投与することで患者の肉体的苦痛を可能な限り除去、緩和する。さらに、死への恐怖や不安におびえ、自分の死後、残される家族の生活がどうなるのか…などを心配する患者に対し、医師は彼らの話を傾聴することで彼らの精神的な苦痛を緩和する役割を担うことになる。

この答案は「 」と句読点以外の記号をいくつも使っているため、合格点がつかない可能性があります。覚えておいてください。

小論文の答案では「 」と句読点以外の記号を使ってはいけない

アルファベットを使う時は、大文字は一マス、小文字は二文字で一マスに入れることも覚えておいてください。例えば新型出生前診断を表す「NIPT」は四マス、がんを表す「cancer」は三マスに入れることになります。数字を使う時は横書きの場合、一マスに二文字を入れます。例えば「365」は36を一マス、5を一マスの合計二マスに入れます。「五〇〇〇」とか「二〇〇〇〇」などのように〇が続く数字の場合は、「五千」「二十万」のように漢数字を使うのが普通です。

また、原稿用紙の行の最初のマスに句読点を入れてはいけないというルールがあります。行の最初のマスに句読点がくる時には、直前の行の最後のマスの中もしくはマスの外に書かなくてはいけません。

【誤った例】

現在の日本の少子化の原因として挙げられるものの中に、非婚化や晩婚化の進行がある
。そこには、結婚という形式に縛られたくない等のライフスタイルの問題ももちろんある
が、それ以上に収入が少なくて結婚できないという理由が圧倒的に多い。

こういう時は句点を行の最後の一マスに入れて次のようにする必要があります。読点も同様です。

【正しい例】

現在の日本の少子化の原因として挙げられるものの中に、非婚化や晩婚化の進行がある。そこには、結婚という形式に縛られたくない等のライフスタイルの問題ももちろんあるが、それ以上に収入が少なくて結婚できないという理由が圧倒的に多い。

「」については行の最初のマスに「を入れるのは構いませんが、」を入れることはできません。どうしても入れなければならない時は、句読点と同じように直前の行の最後のマスの中か、もしくは外に書くのが普通です。

他にも細かなルールがありますので、学校や塾、予備校の先生に確認することをお勧めします。そして表記ミスを少しでも減らすようにしてください。

以上、「下手な文章にありがちな七つの特徴」を順に説明してきました。これらの特徴を一つでもなくすための参考にしてください。

では最後に「感動ポルノ」についての模範答案を見てください。

あるテレビ番組でダウン症の子ども達が芸能人とダンスを踊ったが、それに対して障がい者を食い物にしている、視聴者を馬鹿にしている、などという批判があった。確かに、視聴者に感動を押し付けるかのような番組作りの根底には、障がい者は劣った存在であるという考え方や、健常者に自分は障がい者よりももっとましな存在だといい気持にさせておけば視聴率が上がるだろうという嫌らしい考え方が透けて見える。

もっとも、障がい者を取り上げた番組作りをやめるべきだと私は思わない。なぜなら日常生活において障がい者を取り巻く様々な現実を知る機会は健常者にはほとんどなく、このような番組を通してでしか知ることは難しいからである。特に青少年にとっては障がい者と健常者が共に生きていくことの大切さを知るいい機会にもなるのではないだろうか。

もちろん「感動ポルノ」と言われるような障がい者をモノとしか考えない番組作りは許されるべきではない。このような番組は障がい者への理解を深めるどころか差別や偏見を助長することにつながるからである。大切なことは、障がい者が何を考え、社会に何を望み、健常者は彼らとどのように関わっていくべきなのかをきちんと伝えることである。障がい者は健常者に常に助けられるべき存在ではなく、共に人生を生きる対等なパートナーであるということを一人でも多くの人が実感できる番組作りを期待したいと私は思う。

第2節　答案作成、添削、模範答案の三点セット

第2章では構成の基本と応用を説明し、第3章の第1節では下手な文章にありがちな七つの特徴を紹介しました。ここまでしっかり読んでくれれば合格答案を書けるようになったでしょうか。

答えはNOです。いくら読んでもそれだけでは文章力は全く変わりません。文章力をつけ、医学部受験の小論文で合格答案を書けるようになるためには次の三つが不可欠です。

答案作成、添削、模範答案

まず何よりも答案を自分の手で書かなければいけません。答案を書かない限り文章力は向上しません。そして書きっぱなしではだめです。きちんと正確な添削を受ける必要があります。そのうえで模範答案を読み、自分自身の答案とどこが違うのかをしっかりと理解します。

できれば他の人が書いた答案を読みましょう。同じ医学部受験生でありながら、こんな答案を書ける人がいるのかと驚くこともありますが、参考になるものはそのまま盗むくらいのつもりでいればいいのです。

では、どのような問題をどのくらいの頻度で、つまり月に何度答案を書けばいいのでしょうか。

独学で医学部を目指している受験生はもちろんのこと、大手予備校や医学部受験専門予備校に通う生徒の中にも、小論文の正しい勉強法がわからない人が多いはずです。なぜなら、医学部受験の小論文の授業がない大手予備校も多く、また医学部受験専門予備校でも新たな知識や情報を得ようとせず、不正確なことしか教えない所もたくさんあるからです。

まず医療系については以下のテーマを押さえましょう。

「理想の医師像」「末期がん告知」「新型出生前診断」「終末期医療」「混合診療」

「**脳死移植**」「**尊厳死と安楽死**」「**医師の偏在**」「**総合診療専門医**」「**インフォームドコンセント**」

医療系以外では次の五つです。

「**老老介護**」「**少子高齢化**」「**児童虐待**」「**代理出産**」「**赤ちゃんポスト**」

以上の計十五テーマを押さえておけば十分です。これらのテーマは市販されている参考書のほとんどに掲載されていますが、一冊だけに頼るのではなく、必ず複数の参考書を読んで必要な知識を頭に入れ、そのうえで十五テーマについて答案を書いてみてください。一冊だけでは解説内容が不正確だったり偏っていたりということがよくあるからです。あまりに表現が難解すぎてわかりにくかったりするものもあります。

もちろん医学部受験専門予備校を利用するのもいいでしょうが、規模の大きさや広告だけを鵜呑みにするのではなく何らかの根拠を持って選ぶことをお勧めします。知り合いの紹介があればそれが一番かもしれません。

次に答案を書く頻度ですが、**週に一度、少なくとも二週に一度は書きたい**ものです。短期間で書けるようになる場合もたまにありますが、合格答案を書けるようになるまでに最低半年間かかるのが普通です。一次試験を通過してから小論文の練習を慌てて始める人が時々いますが、そんな付け焼刃でクリアできるほど医学部受験の小論文は甘くありません。

週に一度のペースで三か月間練習を積めば、次は過去問の演習です。大学によって出題形式が違うので、**できるだけ多くのパターンの過去問を解く**ようにしてください。合計で三十問練習すればほとんどの人は合格答案を書けるようになります。

もっとも答案を書くだけでは上達しません。**その答案のどこが悪いのかを知るために、添削を受ける**ことが必要です。模範答案を見ても、自分の答案の悪い点を知ることはほとんど不可能です。なぜなら模範答案はあくまで受験生の目標であり、自分自身が実際に書いた答案については何もコメントしてくれないからです。

誰でも仕草や話し方に癖があるのと同様に、文章にも癖があります。第1節で挙げた「下手な文章にありがちな七つの特徴」のうちのいくつかを答案を書く際にやってしまうのも一種の癖で、なかなか直すことはできません。しかし添削を受けることで自分にどんな癖があるのかを知ることができるのです。

その癖について何度か添削コメントで指摘されるうちに、自分自身でもその癖を意識するようになり、しばらく経《た》つと同じミスをしなくなります。これこそが添削の最大のメリットです。他の人の手を借りて自分の癖をできるだけ早く直すようにしましょう。

添削は答案のどこが悪いのかを指摘するだけではなく、どこがいいのかも指摘してくれます。「ここはとてもよく書けています」とコメントしてもらえれば誰でも嬉しいでしょうし、自信にも繋がります。次もこのように書いてみようと思うこともあるでしょう。

特に悪い点がなく、いい点を指摘してもまだ足りないと添削者が感じる場合は、手紙のように「最近よく頑張っていますね」と書かれることもあるでしょう。必要な添削コメントを書いた後で受験や生活面でのアドバイスが書かれていることもよくあります。

しかし、添削をして欲しいと思ってもしてもらえない人も多くいます。一言で「添削をする」といっても添削者の負担は大きく、特に医学部受験の小論文では医療系の知識や情報を添削者が持っていなければ難しいのです。学校の先生にお願いしても「ごめん。できない」と言われることもあるようです。そういう時はどうしようもないと諦めるのではなく、誰かに添削者を紹介してもらうのがいいでしょう。

添削答案を返却された時は記憶の新しいうちに必ず添削コメントを熟読してください。自分にどういう癖があるのかをきちんと認識するべきです。そして最後は模範答案をじっくり読んで内容を確認してください。

少し余談になりますが、世の中にはあえて難しい言葉で書くのを好む人がいます。本や論文だけでなく、小論文の答案でもそういう人がいます。

難解な言葉で書くのは誰でもできるのです。どんなに難しい内容であっても、それを誰が読んでもわかるような表現で書くのは簡単なことではありません。あえて難解な言葉を使う人は、自分はこんなに難しい表現を使えるくらい凄い人間なのだとアピールしたいのかもしれませんが、そんなことをしても逆効果だということがわからないのでしょう。

そういう人は、知識はあっても頭が悪いのです。会話においてもわかりにくい表現を使ったり回りくどい話し方をしたりする人がいます。たいしたことを話さないのに話が長いというのも同じです。文章を書く場合でも、会話をする場合でもシンプルでわかりやすいのが一番です。

本論に戻ります。以上のように**答案作成、添削、模範答案は医学部受験の小論文で合格答案を書くために必須の三点セット**だということがわかってもらえたと思いますが、受験生はもちろんのこと、指導する側にとってもどのように添削をすればいいのかがわかりにくいかもしれません。そこで実際に行われている添削を見てもらいましょう。

問題は「脳死移植についてあなたの考えを述べなさい。」（六百字以内）です。

ここでは脳死移植についての詳しい説明はしませんが、授業では次のような解説をしました。

脳死移植についての基本的な知識
・脳死移植とは何か
・脳死移植の必要性
・臓器移植法の内容
↓
脳死移植の現状
・脳死ドナーが少ない理由
・移植大国アメリカとの比較

← 脳死移植法の改正
・主な改正内容五つ

← 脳死ドナー数の変化（日本臓器移植ネットワークの資料）

← 法改正後も脳死ドナー数が増えない理由
・日本人の死生観
・脳死についての知識不足

← 脳死ドナーを増やすための対策
・啓発活動や学校教育を通じて死生観を変えていく
・我々国民の努力

では添削前の生徒の答案を見てください。

　日本における脳死移植に対する制度はまだ発展途上の状態である。

世界的には、アメリカなどの医療先進国での脳死移植の制度は整っている。日本もこれを受け法整備して臓器移植を可能にした。また、法改正により脳死を人の死と位置付けるほか、本人が生前に拒否表明していなければ家族の同意のみで臓器移植ができるようになった。脳死判定を受けた人の数はここ数年で約十倍に増えたが、ドナーの数は増えていない。

脳死ドナーの数が増えていない原因は、日本人の死生観、すなわち心臓が止まってしまうので人は亡くなった。よって、脳死が人の死であるという考え方を受け入れるのが難しいのである。脳死についての知識例えばどのくらいの人が脳死移植を必要としているか、脳死移植を受けた人がどのような生活を送っているかなど、ほとんどの人が知らない。したがって、行政が学校教育や講習、活動を通じて脳死が人の死であるということを国民全体に定着させていく。脳死についての知識、脳死移植の現実について行政やマスコミは伝えていくべきである。また、国民も知ろうと努力するべきである。

そして、脳死移植を急ぐあまり、脳死判定が疎かになったり、遺族に対して移植の圧力をかけるなど、命そのものを軽んじる方向へ向かってはいけないと思う。

この答案は率直に言って合格答案にはほど遠いレベルです。第1節の「下手な文章にありがちな七つの特徴」の多く、例えば「主語と述語が対応していない」「言葉の呼応ができていない」「うまく接続詞が使えない」「助詞を正確に使えない」「表記ミスが多い」などが含まれています。

しかし自分の手で答案を書き、添削を受け、添削コメントと模範答案、優秀答案を熟読することで必ず文章力は向上します。実際にこの答案を書いた生徒は翌年医学部に合格しました。自分には文才がないなどと思わずにこつこつ練習を重ねることが大切です。

「文才」とは「文章を巧みに作る才能」ですが、生まれつき文章がうまい人などいません。こういう人はよく本や新聞を読み、その中から文章を書くための様々なテクニックを自然に盗める人なのかもしれません。

もっとも数学的才能と文才の間には異なっている点があります。数学には正解は一つしかありませんが、文章を書くことについての正解は無数にあります。いやむしろ正解はないと言った方がいいかもしれません。いかにうまい表現を駆使しても読み手の心をつかめるとは限らないのです。

研究論文などの書き手の感情が入り込む余地のない文章を除き、ほとんどの文章では書き手の人間性が文章に表れます。文章を書くための様々なテクニックを用い、それと同時に書き手の人間性が読み手に受け入れられるような文章を書ける人こそ、「文才がある」と言うのではないでしょうか。

では本論に戻り、この答案に添削をしてみましょう。

日本における脳死移植に対する制度はまだ発展途上の状態である。世界的には（見ると）、アメリカなどの医療先進国での（は）脳死移植の制度は（が）整っている。日本もこれを受け（を）法整備して臓器移植を可能にした。また、法改正により脳死を人の死と位置付けるほか、本人が生前に拒否表明していなければ家族の同意のみで臓器移植ができるようになった。脳死判定を受けた人の数はここ数年で約八倍に増えたが、ドナーの数は増えていない。

不正確です「脳死ドナーの数」にしてください

不正確です「脳死移植を可能にした」です

ここも「脳死移植」です

脳死移植の制度「は」整っている、とすると何か他に整っていないものがあるかのように読めてしまいますよ脳死ドナーの数が増えていない原因は、日本人の死生観、すなわち心臓が止まってしまうので人は亡くなった。よって、脳死が人の死であるという考え方を受け入れるのが難しいのである。脳死についての知識例えばどのくらいの人が脳死移植を必要としているか、脳死移植を受けた人がどのような生活を送っているかなど、ほとんどの人が知らない。

したがって、行政が学校教育や講習活動を通じて脳死が人の死であるということを国民全体に定着させていく。脳死についての知識、脳死移植の現実について行政やマスコミは伝えていくべきである。（また）、国民も知ろうと努力するべきである。

そして、脳死移植を急ぐあまり、脳死判定が疎かになったり、遺族に対して移植の圧力をかけるなど、命そのものを軽んじる方向へ向かってはいけないと思う。

はじめて

主語と述語が対応していません

日本人は

1マス空ける

啓発

必要がある

また

さらに

「たり」は重ねて使いましょう

たりす

接続詞がある方が文がうまくつながります

内容は正しいですが、いかにも付け足したという感じがします

〈全体講評〉授業内容をある程度までは理解しているようですが、不正確な記述も目立ちます。特に「臓器移植」と「脳死移植」を混同しているのが気になります。脳死移植は臓器移植の一種ですが、脳死下において行われるという点で特殊なものです。最後の段落の論述内容が直前までのそれとうまく繋がっていませんが、おそらく字数が足りなくなったからでしょう。書き始める前の構成がやや不十分だったのかもしれませんね。表現面では主語と述語が対応していない部分があるのが最も気になります。第三段落の冒頭の一文の主語は「原因は」なので述語は「～である。」「～にある。」にしなければいけません。ここは「…人は亡くなったという考え方にある。」にしましょう。他では助詞の使い方に問題があります。特に「は」と「が」の使い分けはできるようになりましょう。頑張ろう。

模範答案を見てください。

臓器移植法の改正によって、脳死が人の死であると定められた。また慢性的な脳死ドナー不足の解消のために、従来の要件に臓器提供についての本人の意思が不明の場合であっても家族の承諾だけで臓器摘出ができるという要件が新たに付け加えられた。さらに十五歳未満のドナーからの臓器摘出も可能になった。

　これらの改正によって脳死ドナー数の大幅増が期待されたものの、法改正後の脳死ドナー数は改正前の八倍前後にしか増えず、移植大国のアメリカには遠く及ばない状況にある。

　このように日本において脳死ドナー数が少ないのは、心臓が止まって初めて人は亡くなったと考える我が国独特の死生観のために、脳死が人の死であるという考え方に多くの日本人がまだなじめていないからである。また国民の脳死移植に対する知識が乏しく、現在脳死移植を必要としている人がどれだけいて、移植を受けることで助かった人がどのような生活を送っているのかについて多くの国民が知らないからでもある。

　そこで行政は脳死が人の死であるという考え方を啓発活動や学校教育を通じて国民全体に定着させるよう努力をするべきである。また脳死移植についての知識の普及や脳死移植の現実を国民に知ってもらうための活動を行政やマスコミが積極的に行う必要がある。そして我々国民自身も脳死ドナーになることや家族の臓器摘出に承諾することの必要性について自ら知ろうと努力するべきである。

なかなかこうは書けないと思うかもしれませんが、しっかり練習を積むことでこれに近い、あるいはこれ以上の答案が書けるようになります。ではこの回で優秀答案に選ばれた答案を一つだけ紹介しておきましょう。文句なしに素晴らしいというわけではありませんが、まずまずの出来に仕上がっていると思います。

日本では臓器移植法の改正前はドナー要件が厳しく、脳死移植が行われることは少なかった。そのため心臓や肺の移植を受けたい人は外国に渡り移植を受けざるを得なかった。このことを踏まえ脳死ドナーの数を増やすために改正臓器移植法が施行された。これにより曖昧だった死の定義は「脳死を人の死とする」と定められ、ドナー要件は本人の意思が不明な時でも家族の承諾があれば臓器摘出できるというように緩和された。その結果、法律改正後の脳死ドナーの数は改正以前の約八倍に増加したが、アメリカのような国と比べるとこの数はかなり少ない。

脳死ドナーが増えない原因は主に二つある。一つは心臓が止まり、体が冷たくなって初めて人は亡くなったと考える日本人の死生観によるものである。だから日本人は心臓がまだ動いている状態の脳死を人の死であると受け入れにくい。二つ目は脳死についての知識が私達にほとんどないということである。そのためどのくらいの人が脳死移植を必要としているのか、移植を受けた人がどのような生活を送れるようになったのかがわからないのだ。

脳死ドナーの数を増やすには行政が学校教育の中で脳死が人の死であるということを国民に教え、何十年かけてでもその考え方を国民全体に定着させていくことが大切である。また家庭でも幼い頃から脳死について学ぶ機会を増やすことで、私達自身が脳死移植について考えることが必要だと思う。

では次の問題を見てください。

「私は現在九十歳で重い病気のため病院に入院している。今すぐに死ぬということはないだろうが、おそらくあと一年生きることはできない。主治医のあなたもそのように言っている。

私がここに入院している間、一年間で二百万円もの金がかかる。もちろんそれは自己負担金が二百万円というだけで、保険や税金からその何倍もの金を出してもらっている。

実は今私には五百万円の預金がある。貧乏生活を送りながらもやっとの思いで蓄えてきた金だ。私はその金を自分の子どもや孫に使って欲しい。先の短い私のためなどではなく、将来のある者たちのためにその金は使われるべきだ。それにどうせ私が生きていても人類にとって何の利益にもならない。それどころか私が生きることで社会の負担が増えてしまう。それは社会にとってもよくない。

だから先生、お願いだから私を死なせて欲しい。楽に死ぬことができる薬を処方してはもらえないだろうか。」

あなたがこの老人の主治医なら彼の願いを叶えてあげるための薬を処方するか。あなたの考えを理由とともに四百字以内で述べなさい。

解答時間は三十分間です。どのような答案となるでしょうか。

この高齢の患者の気持ちを理解できる人はいるでしょう。自分が長く生きることで家族だけでなく社会にも迷惑をかけてしまうと思う患者はたくさんいるからです。

一方、このような考えは理解できない、あるいは理解してはいけないと思う人もいるでしょう。「高齢の患者だからといって社会の負担にばかりなるわけではない」「ずっと日本を支えてきてくれた方に対して社会の負担というのはあまりにも失礼ではないか」と考えられるからです。

どちらが正しく、どちらが間違いであるとは言えません。そこで、**この患者の気持ちをどのように受け止めるのかが問題になってきます**。患者の気持ちに考察を加えたうえで、**「医師の使命とは何か」についても考える**必要があります。

医師の使命とは患者の健康や生命を守ることですが、それは患者の利益を守るということでもあります。患者の健康と生命を守ることを重視すれば安楽死を許すことはできません。その一方で患者の利益を守ることには患者の意思を尊重することが含まれるので、患者が安楽死を望むのならその願いを聞き入れるべきだという考えも成り立ち得るでしょう。

さらに、**日本の法律では安楽死は許されていない**ということを考慮してもいいかもしれません。もっともそのことを前面に押し出すのは感心しません。「法律上許されていないからだめ」ということだけでは話になりませんから。

以上のことを踏まえて自分の考えをしっかりと述べて欲しいです。

まずは添削前の答案を見てください。なかなか問題の多い答案です。

私は老人の家族に老人の思っていることを伝えて家族同士で相談をして、本当に死ぬことを望んでおり、周りもそのことに納得して、私も責任を問われることがないのならこの老人に薬を処方すると思う。

本人が死ぬことを望んでいても残された家族が最後まで生きて欲しいなど老人と家族とで意見の違いがあるかもしれないので薬を処方する前によく話し合う必要がある。他にも日本では、患者が死ぬことを望んでいても、薬で意図的に死期を早めるのには問題があり、これを行うと場合によっては行った医師が罪にとわれることがあり、老人や家族だけで済ませることのできない問題となるため私が責任を問われても困るのである。

だから私は、老人と残される家族がよく話し合い両者が納得している場合で、私も罪に問われることがない場合に限り薬を処方する。

では添削後の答案を見てください。

一文が長すぎます

私は老人の家族に老人の思っていることを伝えて家族同士で相談をして、（彼が）本当に死ぬことを望んでおり、周りもそのことに納得して、私も責任を問われることがないのならこの老人に薬を処方すると思う。

本人が死ぬことを望んでいても残された家族が最後まで生きて欲しいなど老人と家族とで意見の違いがあるかもしれないので薬を処方する前によく話し合う必要がある。他にも日本では、患者が死ぬことを望んでいても、薬で意図的に死期を早めるのには問題があり、これを行うと場合によっては行った医師が罪にとわれることがあり、老人や家族だけで済ませることのできない問題となるため私が責任を問われても困るのである。

ここも一文が長いです

不要

問

だから私は、老人と残される家族がよく話し合い両者が納得している場合で、私も罪に問われることがない場合に限り薬を処方する。

書くことが少なかったため内容の重複があります

〈全体講評〉今回は①死ぬための薬を処方するかしないかの結論を明示している②この老人の言葉の内容について考察を加えている③医師の使命について言及している④表現ミスが少ない、という四点を採点基準にしました。この答案は②③がクリアできていません。まず②についてはこの老人が自分は社会にとって負担だと言っていることについての言及がありません。それに老人と家族が納得した場合であっても、医師である君が患者の命を奪ってもいいのでしょうか。医師の使命は患者の命を守ることなのに、それと正反対のことが許されるのかというのが③です。当事者の意思を尊重しようとしている点は評価できますが、全体的にもう少し考えて欲しかったと思います。表現面では読点が多すぎたり少なすぎたりというのが気になります。適当に読点を使っていてはだめですよ。

この答案は薬を処方するという立場から書かれていますが、内容的にかなり物足りない印象です。全体講評にも書いてありますが、家族や社会に負担をかけたくない、家族に少しでも財産を残したいという**高齢者の気持ちについてほとんど考察を加えていません。**また**自分が医師であるということを踏まえた内容にもなっていません。**

では模範答案ですが、「処方しない」と「処方する」の二つのパターンを見てください。

模範答案①［処方しない編］

　この老人が人生を全うすることが社会にとって負担ばかりだとは私は思わない。なぜなら彼の存在が周りの者に力を与え、金に換算できない利益をもたらすかもしれないからである。また彼が早く亡くなることで財産が手に入っても、それで彼の子や孫が喜ぶとも思えない。たとえ金がかかっても肉親に少しでも長く生きて欲しいと願うのが家族だからだ。さらに彼に十分な判断能力があるのかが正確には判断できないうえに、周囲の者の圧力で彼が死にたいと言わざるを得ないのかもしれず、彼の言葉を安易に信用するべきではない。

　もちろん医師は可能な限り患者の願いを聞き入れるべきであるとは思うが、それはあくまで命を守るということが前提でなければならない。患者の命を守ることこそが医師の使命であり、死なせることは医師のやるべきことではないと思うからである。

　以上の理由から私はこの老人に死ぬための薬を処方しない。

模範答案②［処方する編］

　自分の財産を子や孫に残すため、そして社会にこれ以上の負担をかけないために彼は死を望んでいる。このような彼の考えに対して、彼の死によって財産が手に入っても子や孫は喜んだりはしないし、彼が生きることで金には代えがたい大切なものを社会に残すかもしれないのだから、社会にとっては負担ばかりではないという批判もあるだろう。しかし財産を子や孫に残したいという気持ちは理解できるし、よほどの人でない限り九十歳になれば社会に負担をかけるだけであって、社会に利益をもたらすことは現実的にはほとんどない。

　人生を全うすることの利益と不利益を秤にかけ、不利益が大きいと彼自身が判断した以上、医師はその判断を尊重するべきである。なぜなら患者の命を守ることだけが医師の使命ではなく、患者の意思や社会の事情を考慮することも医師には必要だと思うからである。

　以上の理由から私はこの老人に死ぬための薬を処方する。

これら二つの考え方のどちらに立っても構いません。最後に優秀答案を一つ紹介しましょう。添削後のものを見てください。

私がこの老人の主治医であったら、この願いを受け入れることはできない。この老人は自分が生きていても何の利益にもならないと言っているが、彼の家族はどう感じるだろうか。少なくとも妻や子どもはそうは思わないだろう。人の命に対して利益の有無を判断するのは間違っている。

（確かにそうかもしれません）

医師という立場で考えてみても、この願いを受け入れるような行為をとることはできない。そもそも医師は人の命を助けるという目的で存在している。いくら患者の願いとはいえ、医師が人の命を終わらせる手助けをするのは許されないと私は思う。患者の生死を決めるのは医師ではないのである。

（うまいです。医師の使命を考えればこういうことになりますよね）

この老人に対して言えることは、家族のことを思ったうえでの判断かもしれないが、自分が死んで悲しむ人がいるということ、そして利益がない人の命など存在しないということを忘れないで欲しいということだ。

（「〜こと」という表現の繰り返しが少し気になりますが内容的には文句なしです）

〈全体講評〉今回は①死ぬための薬を処方するかしないかの結論を明示している②この老人の言葉の内容について考察を加えている③医師の使命について言及している④表現ミスが少ない、という四点を採点基準にしました。この答案は全てをクリアしています。今回は③についてしっかり言及できている答案が少なかったのですが、この答案は十分な字数をとって言及しており好印象です。表現面では最後の段落で「〜こと」が五つも使われているのが少し気になります。こういう時は「この老人に対しては、家族を思ったうえでの判断かもしれないが、自分が死んで悲しむ人がいるということ、そして生きる利益のない命など存在しないということを忘れないで欲しいと伝えたいと思う。」のようにすればいいのではないでしょうか。とはいえ、とてもよく書けています。素晴らしい。

以上、医学部受験生が小論文の合格答案を書けるようになるためには何が必要なのかを説明するために、二つの問題の添削前の答案、添削後の答案、模範答案、優秀答案を紹介しました。

このような練習を繰り返せば、早い人なら三か月で合格答案を書けるようになります。質の高いテキストを手に入れ、新聞を読み、自分の手で答案を書き、添削を受けてください。もし可能なら自分以外の人の答案を読んでみてください。そうすれば必ず上達します。

例えば私の授業では、クラスの仲間の答案をお互いに読み合う機会が年に三回設けられています。名前は記入しないことになっていますが、一クラスの人数は多くても八人なのでお互いの字はわかるようです。そこでわざと普段書いている字とは違った筆跡で書いたりもするのですが、やはり生徒同士ではだいたいわかってしまいます。

答案を一通読むたびに私が講評をするのですが、時には厳しいことも言わなくてはいけません。生徒達は自分のことを言われていても、あえて表情に出さずに聞いているのですが、これが彼らにとっては苦痛だったりもするので一部の生徒はこれを「公開処刑」と呼んでいます。でもこの「公開処刑」によって、他の生徒がどのようなことを書いているのか、そしてどんなふうに書けば高評価を得ることができるのかがわかるため、合格後は「公開処刑」のおかげでうまくなったと言ってくれる生徒が何人もいます。

第4章 小論文問題の三つのパターン

第1節 課題文型問題 いかに速く問題の趣旨をつかむか

第1章から第3章までで医学部受験の小論文で何が求められているのか、そして小論文の命である構成はどのようにするのか、さらに正確な表現力を身に付けるにはどのようなことが大切なのかについて詳しく説明してきました。これからはいよいよ実践編になります。

小論文の問題には大きく分けて次の三つのパターンがあります。

「**課題文型**」
「**テーマ型**」
「**特殊型**」

課題文型とは何らかのテーマについて書かれた文章や表、グラフなどの内容を踏まえて問題を解くタイプの問題で、第3章第2節の「高齢の患者の願い」の問題が当てはまります。

テーマ型とは課題文がなく、一行問題のような形で出題されるタイプで、例えば第3章第2節の「脳死移植について考えを述べなさい。」が当てはまります。

特殊型には写真や絵、詩を見て答える、あるいは手紙を書くなど様々なものがあり、医学部受験生の多くが戸惑うタイプの問題です。

まず第1節では課題文型の問題について説明していきます。

では次の問題を見てください。これは二〇一九年度の川崎医科大学の問題です。

次の文章は、初期研修医（医師になって二年目）の医療面接セミナー*でCOML*が養成している模擬患者*とのやりとりである。これを読んで、後の問に答えなさい。

（COML事務所のフリースペースにて模擬面接開始）

医　師　松本さん、松本稔さん、お入りください。

（模擬患者入室）

医　師　こんにちは。今日、担当させていただく、研修医の吉田と申します。どうぞおかけください。確認のため、お名前をフルネームでお願いできますか？

模擬患者　松本稔です。

医　師　生年月日を教えてください。

模擬患者　一九六七年〇月△日です。

医　師　今日は、どうされましたか？

模擬患者　昨日の夕食中に、テーブルの上の物を取ろうとしたら、胸にプチッと音がしたような違和感があって、それ以来、深く息をしたり、咳込んだり、くしゃみをしたりすると、痛みというか、少し息苦しさを感じるのです。

（その後、今までに同じような症状になったことの有無や病歴の聴取があり、呼吸音の聴診などの診察（をしたことにする））

医　師　少し右の肺の音が弱くなっていますね（これは聴診した場合の情報として医師役はあらかじめ知ら

されている)。胸のレントゲン写真を撮ってきてもらいたいのですが、よろしいですか?

(レントゲン写真を撮りに行って、撮影結果が医師のもとに届いたことにして模擬面接再開)

医　師　(レントゲン写真を患者に見せることなく)肺の一部が破れてキキョウの状態になっていますね。まずは入院してもらって、様子を見ましょう。

模擬患者　入院? そんなに大変な状態なのですか? 肺が破れていると言われても、今、普通に息ができていますけど。

医　師　今はまだ軽い状態だから呼吸するのに支障はありませんが、症状が悪化すると肺が小さくなって、手術が必要になることもあります。そうなると危険なので、入院による経過観察が必要なんです。

模擬患者　必要なら入院はしますが、今すぐは無理なんです。

(じつはこの患者はフリーライターで、明日から一週間かけて北海道の秘湯めぐりの取材旅行の予定。その記事が好評なら連載にしてもいいと言われているビッグチャンスが目の前にある状況)

医　師　でも、入院しないと悪化したときに対応できませんよ。いのちに危険が及ぶ場合もあるわけですから……。入院を後回しにできる状況ではないのです。

(患者は取材旅行に行きたいと言い出せないまま模擬面接は時間切れとなる)

(山口育子『賢い患者』)

問　医師と模擬患者のコミュニケーションに関する問題点の有無を八百字以内で論ぜよ。

＊医療面接　病歴について医師から患者に質問して医療情報を確認する医療行為
＊COML　認定NPO法人「ささえあい医療人権センターCOML《コムル》」の略
＊模擬患者　医療系の学生や医療従事者のコミュニケーション教育において、ある疾患をもつ患者を想定したシナリオに沿って演技をする人

このような課題文型の問題を解く場合、最初にまずやるべきことがあります。

課題文の重要な部分に傍線を引く

課題文の中には重要な記述が必ずあり、多くは解答のためのヒントになります。課題文を読みながら、重要だと思われる部分に傍線を引いていき、読み返す際にはその部分を中心に読んでいきましょう。そうすれば課題文の趣旨をより把握しやすくなるだけでなく、時間の短縮にもつながります。

なお、的確な場所に傍線を引く自信がない人もいるでしょうが、それはあまり気にする必要はありません。どこに傍線を引いたかよりも、傍線を引くためにどれだけしっかり課題文を読んだかの方がはるかに重要だからです。しっかり課題文を読めば、仮に最初に間違った場所に傍線を引いていても、この傍線は不要だったと気付くことができます。その場合は余計な傍線を消せばいいのです。

また傍線を多くの部分に引きすぎてしまう人もいるかもしれません。そういう人は最初に傍線を引き、次はその自分が引いた傍線部分だけを読み返してみましょう。そして最初に引いた傍線部分の中で特に重要だと思う部分にさらに傍線を引くのです。この二重傍線部分こそがその課題文で押さえるべき部分であるということになります。

ではこの問題の課題文に傍線を引いてみましょう。

（ＣＯＭＬ事務所のフリースペースにて模擬面接開始）

医　師　松本さん、松本稔さん、お入りください。

（模擬患者入室）

医　師　こんにちは。今日、担当させていただく、研修医の吉田と申します。どうぞおかけください。確認のため、お名前をフルネームでお願いできますか?

模擬患者　松本稔です。

医　師　生年月日を教えてください。
模擬患者　一九六七年〇月△日です。
医　師　今日は、どうされましたか？
模擬患者　昨日の夕食中に、テーブルの上の物を取ろうとしたら、胸にプチッと音がしたような違和感があって、それ以来、深く息をしたり、咳込んだり、くしゃみをしたりすると、痛みというか、少し息苦しさを感じるのです。
（その後、今までに同じような症状になったことの有無や病歴の聴取があり、呼吸音の聴診などの診察〈をしたことにする〉）
医　師　少し右の肺の音が弱くなっていますね（これは聴診した場合の情報として医師役はあらかじめ知らされている）。胸のレントゲン写真を撮ってきてもらいたいのですが、よろしいですか？
（レントゲン写真を撮りに行って、撮影結果が医師のもとに届いたことにして模擬面接再開）
医　師　（レントゲン写真を患者に見せることなく）肺の一部が破れてキキョウの状態になっていますね。まずは入院してもらって、様子を見ましょう。
模擬患者　入院？　そんなに大変な状態なのですか？　肺が破れていると言われても、今、普通に息ができていますけど。
医　師　今はまだ軽い状態だから呼吸するのに支障はありませんが、症状が悪化すると肺が小さくなって、手術が必要になることもあります。そうなると危険なので、入院による経過観察が必要なんです。
模擬患者　必要なら入院はしますが、今すぐは無理なんです。
（じつはこの患者はフリーライターで、明日から一週間かけて北海道の秘湯めぐりの取材旅行の予定。その記事が好評なら連載にしてもいいと言われているビッグチャンスが目の前にある状況）
医　師　でも、入院しないと悪化したときに対応できませんよ。いのちに危険が及ぶ場合もあるわけですから……。入院を後回しにできる状況ではないのです。

二か所の傍線部分の医師の発言に問題があることに気付いたでしょうか。少なくともどちらかに傍線を引けていれば合格答案を書くことは可能です。

特に最初の「（レントゲン写真を患者に見せることなく）肺の一部が破れてキキョウの状態になっていますね。まずは入院してもらって、様子を見ましょう」という部分には傍線を引けたはずです。なぜなら、わざわざ「レントゲン写真を患者に見せることなく」と書いてあることから、「患者にレントゲン写真を見せるべきである」ということに普通は気付くはずだからです。この問題では医師は患者にレントゲン写真を見せて、自分の肺がどのような状態にあるのかをわかりやすく伝える必要がありました。もちろんほとんどの患者には医学的知識がなく、レントゲン写真を見せられても、それが何を意味するのかはすぐにはわかりませんし、説明を受けてもそれはあまり変わらないかもしれません。しかし、写真を見せてもらうことで医師が一方的に話を進めたわけではないという印象を患者は受けるでしょう。

またこの医師は患者に「肺の一部が破れてキキョウの状態になっています」と伝えただけで、この「キキョウ」という病気の原因や症状、治療法、回復の可能性などについて一切説明していません。単に「肺の一部が破れている」と言われただけでは患者は不安になるだけです。なお「キキョウ」は漢字で書くと「気胸」で、様々な原因で発症します。また症状についても単なる胸の痛みから咳や呼吸困難、ショック状態まで多岐にわたり、治療についても自然治癒の場合もあれば手術が必要な場合もあります。こういったことまで医師が患者に説明しなければ患者が納得するはずがありません。

この医師が患者にいきなり「まずは入院してもらって、様子を見ましょう」と言ったのも問題です。自分自身では深く息を吸ったり、咳やくしゃみをしたりした際に少し痛みや息苦しさを感じるだけなのに、いきなり入院を求められたら誰でも驚き、自分はそんなにひどい状況にあるのかと戸惑ってしまいます。キキョウとはどのような病気で、患者がいまどのような状況にあり、このまま放置すればどうなるのかについても詳しく説明し、だから入院をしてくださいと丁寧に伝えるべきでした。

ここまでは最初の傍線部分に関することでした。では二つ目については何が問題になるのでしょうか。ここでは患者が今すぐの入院は無理だと言っているにもかかわらず、その理由を聞くこともなく、患者に入院を一方的に押し付けている点が問題です。本来なら「今すぐは無理なんです」と患者が言えば、その理由を聞くのが当然です。なぜなら人にはそれぞれの事情があり、それを考慮するのも医師の役割の一つだからです。

なお、このように患者の様々な事情を考慮して最適な医療を提供できる医師を「全人的医師」と言います。その「様々な事情」を具体的に言うと「患者のそれまでの病歴、家庭環境、経済状態、社会的な立場、近隣の住民との関係」などです。この「全人的医師」や「全人的医療」という概念はとても重要なので覚えておいてください。

では以上を踏まえた模範答案を見てください。

この模擬面接における医師と模擬患者のコミュニケーションには四つの問題点がある。

まず一つ目は、医師が患者にレントゲン写真を見せることなく気胸だという診断を下した点である。実際にレントゲン写真を見て肺の一部が破れていることを自分で確認すれば、患者は自分の病気がそんなに軽症ではないということがわかり納得しただろう。しかし、この医師はそれを怠っている。

二つ目は、気胸という疾患がどのようなものなのかを一切説明していない点である。病名を挙げると同時に、その疾患が呈する症状や原因、治療法、回復可能性などについて詳しく説明をしなければ患者が不安になるだけなのに、この医師は病名を挙げたに過ぎない。

そして三つ目は、いきなり入院の必要性を口にした点だ。この医師によると、万一のことを考えて経過観察のために入院が必要なのかもしれない。しかし現在はまだ軽症なのだから、そのことを伝え、念のために入院した方がいいということを言わなければ患者は自分がそんなに重い病気なのかと驚いてしまう。実際にこの患者が医師の言葉に激しく動揺しているのは文面からも明らかである。

最後の四つ目は、今すぐの入院は無理だと言う患者にその理由を聞くこともなく、入院しか選択肢がないという自分の考えを一方的に押し付けた点である。患者が目の前にあるビッグチャンスを逃したくないと思っていること、疾患はまだ軽症であることなどを考慮すれば、医師は患者の希望にできるだけ沿うようにするべきだった。患者がどうしても北海道に取材に行きたいのなら、取材中に気をつけることを伝え、もし調子が悪くなったらどう対処すればいいのかを教えておく必要があったのに、この医師はそのようなことを何もしていない。どうしても今すぐに入院が必要だと医師が判断したのであれば、根気よく患者に説明し、説得する努力が必要だったのではないかと私は考える。


この模範答案には四つのことを挙げていますが、もちろん全てが挙がっていなくても、そして他のことを挙げていても構いません。課題文から読み取れる医師と模擬患者のコミュニケーションに関する問題点が示され、それについて自分の考えを示せていれば合格点はつきます。もっとも、「この点が問題だ」ということを指摘するだけではだめです。何が問題か、なぜ問題なのか、どのようにするべきだったのか、まで示せていなければ「コミュニケーションに関する問題点の有無」を論じたことにはなりません。

では次の問題を見てください。これは二〇一九年度の自治医科大学医学部の問題です。

次の文章を読み、設問に答えなさい。

第二次大戦でロンドンがドイツ空軍に爆撃された時、市民は防空壕《ごう》がわりの地下鉄に逃げこんだ。地上にある自分達の家が廃墟《はいきょ》とされている間、市民は地下鉄の中でユーモアを言って笑い合っていたという。この精神によりイギリスはドイツに降伏寸前まで追いこまれながら頑張り通し、最後には勝利した。

イギリスでの葬式ほど淡泊なものはない。柩《ひつぎ》が運びこまれ、全員で讃美歌を合唱し、牧師が故人の徳を讃《たた》えるくらいで、ものの二十分位で終る。その後で故人を偲《しの》ぶパーティーが開かれても、ワインや紅茶を飲みながら談笑するばかりで普通のパーティーと区別がつかない。この席に招かれたある日本人は、皆とユーモアを言っては笑っていた未亡人に、「御主人には本当にお世話になりました。とても親切で思いやりのある方でした。こんなにも早く亡くなってしまうとは信じられません」と言った。とたんに彼女は泣き崩れたという。ユーモアとはやせ我慢なのだ。人生の不条理や悲哀を鋭く嗅《か》ぎとりながらも、それを笑い飛ばすことで陰気な悲観主義に沈むのを斥《しりぞ》けようというのである。

先の大地震でも、発生直後から安否を問うメールが次々と英米から私のもとに飛びこんだ。アメリカのユダヤ人教授へは「本箱の本がほとんど落ち、塀の一部が崩れただけで家族全員無事です。神はすこぶる公平のようです。最も安全な国に最も恐ろしい地震を埋め込んだのだから」と返した。返事は「神は公平かも知れない。

しかし決して親切ではない」だった。イギリスの学者には「大停電の予告が出たので愚妻と愚息は冷凍庫にある大きな箱のアイスクリームを平らげた」と書いた。彼の返信は「アイスクリームで頭を冷やすとは何とクール（冷たい、格好いいの意）な。（中略）」とあった。

昨日、二分咲きの桜を見ようと、そばの井の頭公園に行ってみた。例年より花見の宴会が少ないので不思議に思ったら、東京都が自粛を促しているらしい。上野公園も同じという。「花見などで浮かれている場合か」ということらしい。今こそ、花見で浮かれる時なのだ。東北地方の被災者や福島原発で必死の戦いを続けている人々への思いを胸に深く沈め、酔って笑って気勢を上げる時なのである。政府は「要らない外出はしないよう」と言ったが、とんでもないことだ。町へ買い物に出かけ、旅行に出かけ、外食すべきなのだ。皆が家でじっとうつむいているようでは復興のために必要な税収さえ途絶えてしまう。今こそ庶民は全力で消費を活発にし、政府は全力で東北地方を中心に大々的公共投資を断行すべき時なのだ。

（中略）

国民が喪に服していることは被災者のいかなる救いにもならない。人生の、自然の不条理を笑い飛ばすユーモアだ。街へ出よう。花見へ出よう。日本のありとあらゆる天災人災、喜びと涙を見守ってきた桜が今、咲き誇っている。

（２０１１年４月14日号）

（藤原正彦『管見妄語　始末に困る人』より）

【設　問】

著者の意見を五十字程度で要約し、その意見に「反論」しなさい。（四百～五百字）

筆者の意見を要約したうえで、その意見に「反論」するという珍しい形式の出題です。まずは重要な部分に傍線を引いてみましょう。そうすれば要約がしやすくなるだけでなく、どの部分に反論をするのかも決めやすくなるはずです。

第二次大戦でロンドンがドイツ空軍に爆撃された時、市民は防空壕《ごう》がわりの地下鉄に逃げこんだ。地上にある自分達の家が廃墟《はいきょ》とされている間、市民は地下鉄の中でユーモアを言って笑い合っていたという。この精神によりイギリスはドイツに降伏寸前まで追いこまれながら頑張り通し、最後には勝利した。

イギリスでの葬式ほど淡泊なものはない。柩《ひつぎ》が運びこまれ、全員で讃美歌を合唱し、牧師が故人の徳を讃《たた》えるくらいで、ものの二十分位で終る。その後で故人を偲ぶパーティーが開かれても、ワインや紅茶を飲みながら談笑するばかりで普通のパーティーと区別がつかない。この席に招かれたある日本人は、皆とユーモアを言っては笑っていた未亡人に、「御主人には本当にお世話になりました。とても親切で思いやりのある方でした。こんなにも早く亡くなってしまうとは信じられません」と言った。とたんに彼女は泣き崩れたという。ユーモアとはやせ我慢なのだ。人生の不条理や悲哀を鋭く嗅《か》ぎとりながらも、それを笑い飛ばすことで陰気な悲観主義に沈むのを斥《しりぞ》けようというのである。

先の大地震でも、発生直後から安否を問うメールが次々と英米から私のもとに飛びこんだ。アメリカのユダヤ人教授へは「本箱の本がほとんど落ち、塀の一部が崩れただけで家族全員無事です。神はすこぶる公平のようです。最も安全な国に最も恐ろしい地震を埋め込んだのだから」と返した。返事は「神は公平かも知れない。しかし決して親切ではない」だった。イギリスの学者には「大停電の予告が出たので愚妻と愚息は冷凍庫にある大きな箱のアイスクリームを平らげた」と書いた。彼の返信は「アイスクリームで頭を冷やすとは何とクール（冷たい、格好いいの意）な。（中略）」とあった。

昨日、二分咲きの桜を見ようと、そばの井の頭公園に行ってみた。例年より花見の宴会が少ないので不思議に思ったら、東京都が自粛を促しているらしい。上野公園も同じという。「花見などで浮かれている場合か」ということらしい。今こそ、花見で浮かれる時なのだ。東北地方の被災者や福島原発で必死の戦いを続けている人々への思いを胸に深く沈め、酔って笑って気勢を上げる時なのである。政府は「要らない外出はしないよう」と言ったが、とんでもないことだ。町へ買い物に出かけ、旅行に出かけ、外食すべきなのだ。皆が家でじっとうつむいているようでは復興のために必要な税収さえ途絶えてしまう。今こそ庶民は全力で消費を活発にし、政府は全力で東北地方を中心に大々的公共投資を断行すべき時なのだ。

（中略）

国民が喪に服していることは被災者のいかなる救いにもならない。人生の、自然の不条理を笑い飛ばすユーモアだ。街へ出よう。花見へ出よう。日本のありとあらゆる天災人災、喜びと涙を見守ってきた桜が今、咲き誇っている。

三か所に傍線を引きました。

このどれにも傍線を引けない人はほとんどいないと思いますが、もし引けないのなら、読解力が足りないと言わざるを得ません。読解力が足りない場合、どうすれば読解力を向上させることができるでしょうか。本を読んだり、新聞の社説に傍線を引いたりしているうちにおのずと読解力は向上します。早い人なら三か月もすれば読解力はかなり向上します。諦めるべきではありません。

では設問の冒頭の要約をしてみましょう。設問には「五十字程度」とありますが、この「程度」とは一般的にプラスマイナス一割を意味します。だから「五十字程度」とは「四十五字以上五十五字以内」ということになります。しかも要約の最後は「〜というのが筆者の意見である。」のようにする必要があるので、課題文の要約部分に実質的に割けるのは多くても四十文字です。つまり課題文をたった一文で要約するわけです。やってみればわかりますが、これは案外大変です。課題文の趣旨を完全に理解していないとずれてしまいます。例えばこの問題で「ユーモアとはやせ我慢なので、東日本大震災のような災害の際には笑い飛ばそうというのが筆者の意見だ」などとしてしまうと、この人は課題文をきちんと理解していないと判断されてしまうでしょう。本問の課題文を一文で要約するなら「人生や自然の不条理に落ちこむのではなく、それらを笑い飛ばすユーモアが必要だ」のようになるはずです。つまり冒頭の要約は「人生や自然の不条理に落ちこむのではなく、それらを笑い飛ばすユーモアが必要だというのが筆者の意見である。」ということになります。

　ここまではたいていの人はできるはずなので、勝負はここからということになります。「筆者の意見に対して考えを述べよ」とか「この文章の内容を踏まえて思うことを述べなさい」というのはよくあるのですが、今回は「筆者の意見に反論しなさい」というかなり変わった設問になっています。もっとも今回は冒頭で筆者の意見を要約してあるので、それへの反論を考えればいいのです。なお今回のように筆者の意見の要約を求められていない場合でも、自分なりにある程度まで要約をすれば課題文のどの部分に反論すればいいのかを判断しやすくなるでしょう。

　筆者の意見は「人生や自然の不条理に落ちこむのではなく、それらを笑い飛ばすユーモアが必要だ」ですが、ここには二つの主張が含まれています。一つは「人生や自然の不条理に落ちこまない」、もう一つは「それらを笑い飛ばす」です。一見すると同じことを言っているように聞こえるかもしれませんが、厳密には違います。前者は不条理に落ちこまずに普段と同じ生活を送るということまでしか含まないのに対し、後者は普段と同じ生活を送るだけでなく不条理を陽気に笑い飛ばすという行為までを含んでいます。

　そこでこれら二つについての反論を考えてみましょう。

　まず前者への反論としては「人生や自然の不条理には落ちこむべきだ」というものが考えられます。落ちこむだけ落ちこんで自分を見つめ直すべきだ、ということでしょうか。しかし、この反論はやはり不自然と言わざるを得ません。なぜなら人生や自然の不条理に落ちこんでも何の得にもならないからです。常識的に考えれば、それらにできるだけ落ちこまず前を向いて生きるべきだと言えるでしょう。つまり前者への反論はするべきではなく、むしろこの部分については肯定するべきなのかもしれません。

　後者への反論にはどのようなものが考えられるでしょうか。誰もが思いつくのは「不条理を笑い飛ばすべきではない」というものでしょう。ただ、自分に降りかかった不幸を笑い飛ばすのは自由なので、このような反論は一部では的外れと言えます。ここは「他者の人生や自然の不条理を笑い飛ばすべきではない」という反論が妥当だと思います。自分のことは笑い飛ばしても構わないが、他者のことは許されない、ということです。

なお、筆者は他者の不幸を文字通り笑い飛ばせという意味でこの文章を書いたわけではない、という主張もあるかもしれません。確かに行間を読めば、そのようにも解釈できます。筆者は「人生や自然の不条理を笑い飛ばすくらいの前向きな気持ちでいようではないか」ということが言いたいのでしょう。しかし、そこまで深く読み込めばこの問題は成立しません。なぜなら筆者への反論の余地がほとんどなくなるからです。ざっと読む限りこのように解釈できるという範囲で読解を済ませ、答案を書くというのも小論文では大切です。限られた時間の中で答案を仕上げるには行間を読みすぎるのもよくありません。

課題文はあまり深読みしすぎない

これを念頭に置きつつ課題文を読むようにしましょう。では模範答案を見てください。

　人生や自然の不条理に落ちこむのではなく、それらを笑い飛ばすユーモアが必要だというのが筆者の意見である。

　確かに耐えがたいほどの不条理に遭遇した時、その苦しみや悲しみを胸の内に秘め、陽気に振る舞うやせ我慢も時には大切だとは思う。そうすることで前を向いて生きようという気持ちになれるかもしれないからだ。

　しかし、その不条理を笑い飛ばすのは当事者であるべきだと私は思う。例えば地震による災害が起きた時、被災者自身が今の苦しみや悲しみを笑い飛ばし、前を向いて生きようとするのならそれは十分に理解できる。それに対し、被災者以外の者が社会の重苦しさを打ち消すために、その不条理を笑い飛ばすのはあってはならないことだと私は考える。被災者は被災者以外の人に下を向いて生きて欲しいとも、同情をして欲しいとも思ってはいないはずだ。とはいえ、例えば被災者以外の人が花見や宴会を開いて大騒ぎをしていると聞けば、彼らの心中は穏やかではないだろう。

被災者以外の者が普段通りの生活をしつつ、被災者の苦しみや悲しみに思いを寄せ、ほんの少しでも被災地に義援金を送る優しさを持つことが最も大切だと私は思う。

ここで一つアドバイスをしておきます。この問題は筆者の意見に反論をするという珍しい形式でしたが、ほとんどの場合、「筆者の意見について自分の考えを述べよ」とか「課題文をよく読んで、あなたの考えを述べなさい」という形式です。このような問題で何を書けばいいのかで迷う人がたくさんいます。筆者の意見に近いことを書けばいいのか、逆に批判的なことを書くべきなのか、それとも課題文とはほとんど関係のないことを書いてもいいのか、などです。

考えられるパターンを大きく分けると次の四つがあります。

①課題文の内容とほぼ同じ
②課題文の内容とほぼ無関係
③筆者の意見を全否定
④筆者の意見を一部否定

この中で受験生が一番やりがちなのは①です。何を書けばいいのかがわからず、筆者の意見の要約のようなことを書く人が結構います。しかし、筆者の意見をそのままなぞったかのようなことを書いても「自分の考えを書いた」とは評価されません。だからといって、②はさすがにまずいです。出題者がわざわざ課題文を用意した意味がなくなってしまいます。

では③と④のどちらが望ましいでしょうか。結論から言うと④です。③でも自分の考えを書いたことにはなりますが、受験生のレベルで完全に否定できるような内容の課題文を出題者が用意するとは考えにくく、また筆者にも失礼です。最も望ましいのは、筆者の意見に基本的には賛同しつつ、一部でそれを否定するというふうにすれば、課題文の内容を踏まえつつ自分の考えを書いたことになります。この「筆者の意見の一部否定」というテクニックをマスターすれば、対応できる問題の数はおのずと増えます。

課題文型の問題をもう一つ見てください。二〇一九年度の近畿大学医学部推薦型選抜の問題です。

> 二〇一八年度ノーベル医学生理学賞を受賞した本庶佑氏は、科学者になろうと思う子どもへのメッセージを求められて、「一番重要なのは、何か知りたい、不思議だと思う心を大切にする。教科書に書いてあることを信じない。」と述べましたが、この「教科書に書いてあることを信じない」という発言に対して、「それでは基礎教育が成り立たない」といった戸惑いの声が多く聞かれました。
>
> 本庶氏の発言の真意とその影響について、あなたの考えを述べなさい。（四百字以内）

では重要だと思われる部分に傍線を引いてみましょう。

二〇一八年度ノーベル医学生理学賞を受賞した本庶佑氏は、科学者になろうと思う子どもへのメッセージを求められて、「一番重要なのは、何か知りたい、不思議だと思う心を大切にする。教科書に書いてあることを信じない。」と述べましたが、この「教科書に書いてあることを信じない」という発言に対して、「それでは基礎教育が成り立たない」といった戸惑いの声が多く聞かれました。

かなり短い文章なので傍線を引くのは容易かもしれません。もっとも、どこに傍線を引いたのかを見るだけで答案の出来はだいたい想像がつきます。

いま三か所に傍線を引きましたが、多くの人は最初の一つを落としがちです。この課題文を理解するには、実はこの「科学者になろうと思う子どもへのメッセージ」というのが重要なのです。言い換えれば、本庶氏のこのメッセージは全ての子ども達に向けられたものではないということに気付かなければなりません。そこを見落とすと合格答案を書くのは難しくなります。

たまに例外もあるのかもしれませんが、教科書に書かれていることは一般的に正しいと言えます。明らかな嘘や間違いは皆無に近いでしょう。それなのに本庶氏が「教科書に書いてあることを信じない」と言ったのは、それをそのまま鵜呑みにするのではなく、なぜそうなのかを考えて欲しいという思いからです。そしてそのように「なぜそうなのか」を考える姿勢は科学者にとって必須のものであるため、科学者になろうと思う子ども達限定でこの「教科書に書いてあることを信じない」というメッセージを送ったのです。全ての子どもにとっても、そのような姿勢は重要なのかもしれませんが、必ずしも必要ではありません。このように考えれば、課題文の「科学者になろうと思う子どもへのメッセージ」という部分に傍線を引くことはとても重要だということがわかるでしょう。ここまで来れば、本問の前半部分「本庶氏の発言の真意」については書けたも同然です。

次に、後半の「その影響」とは何でしょうか。それは言うまでもなく三つ目の傍線部分、「それでは基礎教育が成り立たない」といった戸惑いの声が多く聞かれた、ということを指します。教科書に書いてあることを信じなくてもいいのなら勉強などしても意味がない、と言い出す児童や生徒が教育現場や家庭で増えたのかもしれません。学校の教職員や親がそのような子どもにどのように対応すればいいのかわからない、というようなことが起きてしまうということなのでしょう。

　では「その影響について自分の考えを述べよ」についてはどのように考え、どう書くべきなのでしょうか。このような時には第2章第2節で示した「現状→原因→対策」を思い出してください。これは、「現状はどうか→なぜそのような状況になっているのか→どのように解決すればいいのか」の順に考えていくというものです。

　まず「教育現場での混乱」というのが「現状」です。なぜこのような混乱が起きているのでしょうか。それは本庶氏のメッセージの真意が国民にきちんと伝わっていないからです。マスメディアが国民に誤解を与えるような伝え方しかしていないということでしょう。これが「原因」です。ここまでわかればどのような対策を講じればいいのかもわかります。マスメディアや教育者が本庶氏のメッセージの真意を国民に伝えていくということです。このように「対策」を考える前にきちんと「現状」や「原因」について考える習慣を身に付けましょう。

　では模範答案を見てください。

　本庶氏は様々なことについて不思議に思うことから科学する心は生まれると考えている。そのため、科学者になろうと思う子どもにはたとえ教科書に書いてあることであっても、それを何の疑問もなしに信じるのではなく不思議に思って欲しいと思い、「教科書に書いてあることを信じない」という言葉を口にしたのである。それは教科書に書いてある事が間違いであるという意味ではないし、全ての子どもに向けての言葉でもない。

もっとも本庶氏の言葉を文字通りにしか理解できない大人や子どもが多く、基礎教育の存在意義について疑念を抱くことがあるというのもわかる。そこでこの言葉が教育に悪影響を及ぼさないようにするために、本庶氏の言葉の意味を教育者やマスメディアがきちんと国民に伝えていかなければならない。そうすることが教育現場の混乱を防ぐだけでなく、子どもの科学する心を育むことにつながっていくのではないかと私は考える。

なお、本庶氏のメッセージは正しくないとか、子どもへのメッセージなのだからもっとわかりやすく伝えるべきだ、などと本庶氏を非難するかのようなことを書く人がたまにいます。メッセージは正しくないなどと書く人は課題文の趣旨を全く理解できていないので論外ですが、「もっとわかりやすく」という意見についてはわからなくもありません。しかし、発言者である本庶氏にそこまで丁寧な説明を求めるのではなく、大人が子どもに本庶氏のメッセージの意味をきちんと伝えなければならないはずです。もちろん大人の中にも本庶氏のメッセージの意味を誤解している人もいるので、そこはマスメディアがわかりやすく伝えるべきなのです。

ここまで三つの課題文型の問題を見てきましたが、このような課題文型問題の中にも様々な種類のものがあります。例えば東京慈恵会医科大学では課題文を読み、その中から各自で一つのテーマを選び、そのテーマを選んだ理由を述べた後でそのテーマについて論じるという問題が出題されています。制限時間は六十分以上九十分以内、制限字数は千二百字以上千八百字以内で、なかなか難しい試験です。また兵庫医科大学の小論文では穴埋めや説明問題などの国語のような問題が出題され、最後の設問だけが自分の考えを書くようになっています。他にもグラフや表の読み取り、英文での出題など多岐にわたります。ひとくくりに課題文型と言っても、そこで問われる力は様々です。もっとも、どのような形式の問題であれ、ベースになる能力は同じです。普段からしっかり準備をしておけば、どのような形式の問題でも対応できます。

余談になりますが、「ここ数年で小論文の問題が難しくなってきたと感じる」という声が聞かれます。それは果たして本当でしょうか。結論から言うと本当です。入試不正の発覚以降、小論文を重視する傾向が強まってきたのは確かで、理解力や発想力、表現力などを問う問題が多くなってきました。十分な対策なしで本番に臨むのは無謀だと言えます。予備校や塾によっては「小論文や面接は形だけのもので合否には関係ない」というスタンスをとっている所も少なからずありますが、いざ受験が近づくと、「必要だと思うなら医学部受験専門の予備校で教わってきなさい」と言うようです。そういう予備校や塾では小論文や面接を軽視しているというよりも、専門の講師を揃えられないという事情があるのかもしれません。

第2節　テーマ型問題　知識と教養を身に付けよう

　この節ではテーマ型問題について説明をしていきます。テーマ型問題とは本書でも既に扱った「末期がん患者に対する告知について」「代理出産について」「脳死移植について」などのような一つのテーマ（医療系が多い）を扱った問題です。ほとんどが一行問題ですが、課題文形式の場合もあります。その場合は課題文にはそのテーマに関する情報がほとんど何も与えられていません。つまりそのテーマについての知識がなければ満足な答案が書けないような問題なのです。

　例えば二〇一九年度の関西医科大学医学部一般選抜の後期試験では「地域と診療科の不均衡よりくる医療崩壊の改善について」という問題が出題されました。医師の偏在について全く知識のない受験生は問題を前に茫然としたことでしょう。医療系では他にも「医療における男女共同参画」（二〇一九年度　近畿大学医学部一般選抜前期）、「我が国の再生医療について」（二〇二〇年度　久留米大学医学部前期）、「我が国の今後の医療保険制度の在り方について」（二〇一九年度　近畿大学医学部後期）、医療系以外では「犯罪被害者、加害者の人権保護について」（二〇一九年度　東北医科薬科大学医学部）、「イギリスのEUからの離脱について」（二〇二一年度　関西医科大学医学部前期）などが出題されています。特にこの東北医科薬科大学医学部の問題は医学部受験生にとってはかなりの難問でした。

　これらの問題に対してはそのテーマについての知識がなければ手も足も出ないことが多く、普段からそのようなテーマについて関心を持ち知識を蓄え、さらに本や新聞を読むことによって教養を身に付けておく必要があります。単に知識を頭に入れておくだけでは解けないような問題もありますし、そもそも小論文の参考書だけでは答案を書くのに十分な知識を身に付けることは難しいからです。普段から本や新聞を読むのがいかに大切かを認識しておいてください。

　ではここでは四つのテーマ型問題について説明をしていきたいと思います。一つ目はオリジナル問題です。

「患者に耐え難い精神的苦痛がある場合に日本でも安楽死を認めるべきかについて考えを述べよ。」（六百字以内）

安楽死を希望するＡＬＳ（筋萎縮性側索硬化症）患者の女性にＳＮＳで知り合った二人の医師が薬物を投与して殺害し逮捕される、という事件が二〇二〇年七月にありました。この事件では被害者が安楽死を望んでいたため、事件発覚当初は安楽死事件だと報道されましたが、実際の逮捕容疑は嘱託殺人罪でした。この女性の死が安楽死になるのかは裁判を通じて明らかになっていくでしょうが、私達が精神的苦痛を理由とする安楽死について考えるきっかけになったのは確かです。

この問題を考えるにあたって、最初に確認しておかなければならないことがあります。それは次のことです。

「安楽死」とは何か

実は安楽死の定義には様々なものがあり、いまだに確立されたものはありません。この定義の内容によってこれからの展開が大きく変わってくるので、少し詳しく説明しようと思います。

安楽死には積極的安楽死と消極的安楽死の二つがあるとされますが、消極的安楽死とは一般的に尊厳死と言われるもので、今回考えなければならないのは積極的安楽死の方です。本書では積極的安楽死を「安楽死」と呼ぶことにします。

安楽死の定義として最も一般的なものは「安楽死とは患者の明確な意思に基づき、耐え難い肉体的苦痛の除去を目的として、本人以外の者が故意に死期を早めることである」です。なぜこれが最も一般的とされるのかと言えば、これまでの裁判例、つまり判例でそのように定義されたことがあるからです。もっとも、判例で示されたからといって、必ずそのように定義しなければならないわけではありません。法律で定められたものでない限り、それが常に正しいとは限らないわけです。もし安楽死の定義を最も一般的なものに従えば、患者の苦痛が「肉体的なもの」に限定されてしまうので、今回のような「精神的苦痛を理由とする安楽死」についての議論は成り立ち得なくなります。そこで本書では安楽死を次のように定義することにします。

「安楽死」とは患者の明確な意思に基づき、耐え難い苦痛の除去を目的として、本人以外の者が故意に死期を早めることである

こうしておけば精神的苦痛を理由とする安楽死を認めても構わないか、という議論も可能になります。このように定義すると、まるで精神的苦痛を理由とする安楽死の可否を論じるために無理に定義を変えたかのように思われるかもしれませんが、そうではありません。なぜなら海外には精神的苦痛を理由とする安楽死を認めている国もいくつかあり、無理に定義を曲げているわけではないからです。

このような定義を前提に、考えるべきは次のことです。

日本で安楽死は認められるのか

この点につき、日本では安楽死は認められておらず、もし人を安楽死させれば罪に問われると考える人が多いかもしれません。しかし厳密に言うと、日本では安楽死は禁止も許容もされていないのです。だから人を安楽死させた場合、罪に問われるかもしれないし、問われないかもしれないというのが正しい認識です。ではなぜ安楽死は日本では禁止されていると考える人が多いのでしょうか。それは、これまでの裁判で安楽死が認められたことが一度もないからです。

日本で安楽死容認の可否が争われた代表的な事件として有名なのが、一九九一年の「東海大学安楽死事件」です。東海大学付属病院に多発性骨髄腫で入院していた患者に対し、家族の求めに応じて主治医が薬物を投与し殺害したというのが事件の概要です。この事件では主治医による患者の死期を早める行為が安楽死として容認されるのかが問題になり、横浜地方裁判所は安楽死容認の判断のための四つの要件を示しました。

① 患者に耐え難い肉体的苦痛がある
② 死が不可避で、死期が迫っている

③ 死以外に苦痛を除去・緩和する方法がない
④ 生命の短縮について患者の明確な意思表示がある

そしてこの四つの要件を事件に当てはめ、少なくとも①と④は満たさないと判断し、主治医を殺人罪（執行猶予付き）で有罪としました。この事件では患者は昏睡状態にあり、肉体的苦痛を感じることも生命の短縮についての意思表示をすることもできなかったため、このような判断がされたのだと思います。もっとも、患者が昏睡状態や意識混濁の状態になくても①や④についての判断は非常に難しいはずです。例えば①なら、耐え難い苦痛の有無を、いつ、誰が、どのようにして判断するのか。④なら、いつ、誰が、どのような基準で「明確な意思表示がある」と判断するのか。それらの多くがあまりに曖昧なのです。

以上を踏まえたうえで「精神的苦痛を理由とする安楽死を認めるのか」というテーマについて考えてみたいと思います。

もし東海大学安楽死事件で横浜地方裁判所が示した四つの要件にそのまま「精神的苦痛を理由とする安楽死」を当てはめるなら、安楽死は容認されません。なぜなら①と②の要件を満たさないからです。例えば認知症患者が安楽死を望んだ場合、肉体的苦痛はないので①は満たしませんし、死期が迫っているわけではないので②にも当てはまりません。もちろん既に述べたように、この四つの要件は絶対的なものではなく、あくまで判例が示したものに過ぎないので、精神的苦痛を理由とする安楽死が認められない決定的な理由にはなりません。

では精神的苦痛を理由とする安楽死の場合、これらの四つの要件をどのように捉えればいいのでしょうか。①の「苦痛」については精神的苦痛も含める余地があるため、「耐え難い」という要件を満たすかどうかが問題になります。また精神的苦痛を理由とする以上、②の要件は考慮するべきではないということになります。認知症がよほど進行していない限り、③と④も比較的認められやすいはずです。つまり①の要件をクリアできれば精神的苦痛を理由とする安楽死は容認される可能性が高いと言えます。

もし「精神的苦痛を理由とする安楽死」を認めるのであれば、ALS患者や認知症患者の安楽死を認めることになります。また自分がどんどん老いていくのが嫌で死を望んでいるような人の安楽死も認めることになるかもしれません。実際に海外にはオランダやベルギーのように、そのような理由での安楽死を認める国もあります。

そろそろ結論を出しましょう。

日本では「精神的苦痛を理由とする安楽死」は認めるべきではない

こうなると思います。なぜなら検査の数値や画像である程度までは測ることのできるはずの肉体的苦痛ですら、その有無の判断が困難なのに、ましてや苦痛の程度を測る手段のない精神的苦痛の有無を判断できるとは到底思えないからです。もっとも、徐々に体が動かなくなっていくALS患者の苦しみや、周りの者だけでなく自分のことですらわからなくなってしまう認知症患者の悲しみは計り知れないものです。自分が周りの者の負担にしかなっていないように感じ、生きることに意義を見出せなくなってしまうのも理解できなくはありません。しかし、現在の日本には安楽死について定めた安楽死法がない以上、判断基準の曖昧な精神的苦痛による安楽死を認めることはできないのではないでしょうか。

精神的苦痛を理由とする安楽死を認めにくい理由がもう一つあります。それは、

日本人は同調圧力に弱い

ということです。この「同調圧力」とは「集団で何かを決める際に、多数派の意見と同調させるように作用する暗黙の圧力」という意味ですが、一般的に自己主張が苦手とされる日本人は、この同調圧力に屈しやすいと考えられています。例えばALS患者に対し、周りの者が「そろそろ安楽死をしてもいいのでは」と言うと、「いや、私はもっと生きたい」とは言えず、「では安楽死をします」と言ってしまう可能性が高いと考えられます。もちろん「生きたい」ということをはっきり言える人もいるでしょうが、周りの者に迷惑をかけているという負い目があるため、

周りの意見に従ってしまうということが多いと思われます。
以上を踏まえた模範答案を見てください。

　安楽死とは患者の明確な意思に基づき、耐え難い苦痛の除去を目的として、本人以外の者が故意に死期を早めることである。一般的に、この場合の苦痛とは肉体的苦痛を指し、安楽死は禁止されていると解釈されている。しかし日本には安楽死法がないため、苦痛を肉体的なものに限定する理由はなく、安楽死は禁止も容認もされていないと考えるべきだ。また実際に容認された例はないものの、いくつかの要件を満たせば安楽死を認めても構わないとした複数の判例があり、精神的苦痛を理由とする安楽死が容認される余地がある。

　ではオランダやベルギーのように精神的苦痛を理由とする安楽死を日本でも容認するべきなのか。もしそうなれば、ＡＬＳ患者や認知症患者などが精神的苦痛を理由に安楽死を望んだ場合、それが認められる可能性がある。

　確かに自分の存在意義が見いだせずに、生きていても仕方がない、生きたくないと思う人もいるかもしれないが、私は日本では精神的苦痛を理由とする安楽死を認めるべきではないと考える。なぜなら検査の数値や画像である程度まで測れるはずの肉体的苦痛ですら、その有無の判断が困難なのに、それらでは全く測り得ない精神的苦痛の有無まで判断するのは不可能だと思うからだ。

また日本人は同調圧力に弱く、生きたいと思っていても周りからの暗黙の圧力によって不本意な安楽死をさせられることがあると考えられるのも理由の一つである。

補足になりますが、もし精神的苦痛を理由とする安楽死を認めれば、例えば失恋や失業によって心に痛手を負った人の安楽死を認めることにもなりかねません。生きたくない人を無理に生かす必要はないという考えも確かにあるでしょうが、やはりこういう場合に安楽死を認めるのには違和感があります。そしてALS患者や認知症患者の苦しみや悲しみと、失恋や失業によるそれとの違いは曖昧なものです。生きたくないという強い思いがあるという点では同じであって、前者は認めるが後者は認めないことの根拠は希薄です。前者は耐えられなくても仕方ないが、後者は耐えろというのもあまりに乱暴な意見です。こう考えてみれば、やはり精神的苦痛を理由とする安楽死についてては認めるべきではないという結論が妥当ではないでしょうか。

では次は二〇二〇年度の杏林大学医学部の過去問を見てください。典型的な一行問題です。

> 「自己犠牲」ということについて、八百字程度で論じなさい。

問題があまりに抽象的で受験生は戸惑ったことでしょう。なお、「〜字程度」というのはプラスマイナス1割を意味するので今回は「七百二十字以上八百八十字以下」ということになります。

この問題で最初にするべきことは、「自己犠牲」とは何かを考えることです。辞書には「自己犠牲とは自己の利益を顧みないで力を尽くすこと」や「ある目的のために自己の欲望や幸福を捨てて尽くすこと」とありますが、答案で必ずそう書かなければならないわけではありません。趣旨が同じであれば問題ないと思ってください。もっとも、全く見当違いのことを書くのはまずいです。例えば「自己犠牲とは自己を犠牲にして自分の目標を達成すること」とか「自己犠牲とは何かをする時に他者を犠牲にせずに自己を犠牲にするという考え方」などのようなことを書くと、それ以降の論述内容にかかわらず合格点をもらえないでしょう。ここまでひどくなくても「自己犠牲とは家族のために自己を犠牲にすること」や「自己犠牲とは他人のために自己の時間を犠牲にすること」のように内容を限定している人も結構います。このくらいなら、それ以降の論述次第では合格点を取れるかもしれませんが、医学部受験生なら「自己犠牲」の意味くらいは知っておいて欲しいものです。ここでは自己犠牲について次のように定義しておきます。

「自己犠牲」とは他者のために自己の何かを犠牲にすることである

ここからが肝心の本論です。自己犠牲について論じなさいと言われて、何を思い浮かべるでしょうか。最初に思い浮かべるのは家族のこと、例えば母親が自分のやりたいことを我慢して家族のために毎日家事をしてくれていることや、父親が自分の夢を諦めて仕事をしてくれていることなどかもしれません。他では会社員や公務員が休日を返上して出勤したり、学校に忘れ物をした友人のために自宅まで忘れ物を届けてあげたり、なかなか野球がうまくならないチームメイトのために居残り練習に付き合ったりすることなど、様々なものがあるはずです。基本的にはどんなことでも構わないのですが、あまりレベルの低いものでは困ります。例えば「消しゴムをなくした友人に自分の消しゴムを貸してあげること」を自己犠牲の例として挙げる人がいましたが、その程度のことを自己犠牲と呼ぶのはいくらなんでもおかしいと気付かなければなりません。

医学部受験生である以上、できればここは医師の自己犠牲、つまり医師が自己の時間や体力を犠牲にして患者のために尽くすことを思い浮かべて欲しいです。なお、今なら医師の自己犠牲と聞いて真っ先に思い浮かべるのはコロナ禍での医師のことでしょう。しかし、この問題が出題された当時はまだ新型コロナウイルスの感染拡大は起こっていなかったので、そのことを答案に書く人はいなかったと思われます。そこで、ここではコロナ禍での医師の自己犠牲ではなく、出題当時に社会問題となっていたことを中心に考えていきます。

ここで多くの人は「自己犠牲の是非」、つまり自己犠牲はいいものか、それとも悪いものか、を考えます。「自己犠牲のメカニズム」や「自己犠牲と自己肯定感の関連性」などを考えようとする人もいますが、それはまれです。

では自己犠牲はいいものでしょうか、それとも悪いものでしょうか。自己犠牲について、例えば家族のために自己犠牲を払う母親を思い浮かべた人なら、自己犠牲はいいものだ、素晴らしいものだ、と考えるでしょう。逆にサービス残業や休日出勤ばかりを強いられるブラック企業の社員を思い浮かべた人なら、自己犠牲は悪いものだということになるはずです。大切なのはこれら二つのどちらかだけではなく、その両方を思い浮かべることです。なぜなら、単に「自己犠牲は素晴らしいものだ」とか「自己犠牲はだめだ」としてしまうと、それ以上に論を進めるのが難しくなり、結局字数稼ぎのために具体例をだらだらと挙げて終わりということになってしまうからです。

ここで「自己犠牲は素晴らしいが、だめな場合もある」ということを思い浮かべたら、次はどのように考えていけばいいのでしょうか。まずはどのように素晴らしいのかを具体例をもとに考えていきます。家族のために自分の自由や時間を犠牲にしてくれる人がいるから生活をしていける人が多くいます。働いて収入を得たり、食事を作ってくれたり、掃除や洗濯をしてくれたりする人のおかげで多くの子ども達は安心して暮らしていけるのです。社会においても自分の時間を犠牲にして長時間働く人がいたから日本はここまで発展してきました。医療の世界でも自己を犠牲にして患者のために尽くしてくれる医療従事者がいるからこそ、患者は医療を享受することができるのです。そう考えれば、自己犠牲は素晴らしいものだということは明らかです。

「自己犠牲はよくない」という考えについてはどうでしょうか。社会には優しさのあまり他人のために力を尽くす一方で、自分のことをおろそかにしてしまう人がいます。例えば成績の悪い友人に勉強を教えてあげてばかりいて自分の勉強時間がなくなってしまう人や、人手不足で困っているバイト先のために大学を休んでアルバイトをする人などです。他者のために自己を犠牲にするのは悪いことではありませんが、ほどほどにしなければなりません。度を越した自己犠牲によって人生を狂わせてしまうかもしれないのです。以上のことから言えるのは次のことです。

自己犠牲は素晴らしいものだが、度を越してはいけない

何事もバランスが大切ということです。ここまでの流れを一度確認しておきましょう。自己犠牲とは何か、その言葉から思い浮かべるものは何か、自己犠牲は素晴らしいものだが度を越してはいけない、です。ただ、おそらくこれだけでは「八百字程度」の字数は埋まりそうにありません。そこでもう一歩踏み込んでみます。

今回の「自己犠牲」というテーマを見た時に、医療従事者のことを思い浮かべて欲しいと先に述べました。そこで、次にこの「医療従事者の自己犠牲」ということについて少し深く考えてみたいと思います。

二〇一九年春に「働き方改革関連法」の一部が施行されて以来、残業を減らし、有給取得のしやすい環境作りが少しずつですが進められてきました。企業にとっては重要な経営課題であり、それは社会でも認知されています。もちろん法律の目をかいくぐろうとする悪質な企業もありますが、労働者にとって働きやすい環境が徐々に整いつつあるということは言えるでしょう。では医療の世界ではどうなのでしょうか。まだ不確定ではあるものの、医師の時間外労働を原則として年間九百六十時間以内に、例外的に年間千八百六十時間以内にするという案が検討されています。これは働き方改革に逆行するものと言えるでしょう。そこには「医師は人の命を預かる大切な仕事なのだから長時間労働もやむを得ない」という考えがあります。実際にこれまで日本の医療は医療従事者の自己犠牲の上に成り立ってきました。例えば地域間や診療科間の医師の偏在によって、医師が足りない地域や診療科があり、そのような地域や診療科の医師は、過酷な労働環境で自己の生活を犠牲にして医療に従事してきたのです。しかし、使命感や責任感の強い医師の自己犠牲に頼るのはそろそろ終わりにしなければなりません。既に医療現場の医師は疲弊しており、このままの状況が続けば日本の医療は崩壊するでしょう。

ここで押さえておかなければならないことがあります。それは「そもそもなぜ医師は過酷な労働環境のもとで働かなければならないのか」です。その最大の原因は医師の偏在にあります。地域間や診療科間での医師の偏在のた

めに、医師不足の地域や診療科の医師が大きな負担を負うことになるからです。このような医師の偏在を解消するために各大学が受験での地域枠を拡充したり、地方の病院が医師の待遇をよくしたりなどの対策を講じていますが、それだけでは不十分でしょう。やはり大学や病院、行政が医学部生に対して、医師不足の地域や診療科で働くことの必要性とやりがいの大きさを伝えていくべきです。またそれぞれの医師が自分の出身地の医療を守ろうとする責任感や使命感を持つこともとても重要だと思います。ではこの問題の模範答案を見てください。

　自己犠牲とは他者のために自己の何かを犠牲にすることである。医師不足の地域や診療科で働く医師が休みをほとんど取らず、自分の時間や体力を犠牲にして患者のために尽くすのがそのいい例である。

　誰かのために自己を犠牲にしても構わないという自己犠牲の精神は、日本の社会では美徳とされてきた。私利私欲を捨て、他人や社会のために尽くすのは人としてあるべき姿だとされ、逆に自己犠牲の精神を持たない者は社会から蔑視されてきたと言える。そしてそのような自己犠牲の精神が日本の社会を発展させてきたと言っても過言ではない。会社員や公務員、自営業者らの自己犠牲によって日本経済は成長してきたし、医師や看護師などの医療従事者の自己犠牲によって日本の医療は発展し、多くの患者の命が救われてきた。

　このように自己犠牲はこれまでの日本の発展には不可欠なものであったと言えるが、昨今の働き方改革によって多くの分野で自己犠牲があまり求められない時代になってきた。しかし、医療の分野だけは働き方改革とほとんど無縁のものと言っていい。その中でも医師は自己犠牲が当然のこととされ、長時間に及ぶ時間外労働を医師に強いても、命に関わる仕事だから仕方がないなどと考える鈍感な社会に日本はなってしまっていると私は思う。もっとも、自己犠牲にもおのずと限界があり、このままでは近い将来、日本の医療が崩壊するのは確実である。

そこで、そろそろ医師の自己犠牲に頼るのをやめるべきではないかと私は思う。その地域や診療科の医師が少なくても現場でなんとかうまくやってくれるだろうなどと無責任に考えるのではなく、例えば医師の数を増やす、地域や診療科によって医師の人数に制限を設けて偏在を解消する、などの具体的な対策を行政が講じるべきだ。また大学や病院は医師の少ない地域や診療科で働くことの魅力ややりがいの大きさをもっとアピールし、医師は自分の出身地の医療を自分で守っていくという使命感と責任感をもっと持つべきだと私は考える。

では次の問題を見てください。これは二〇一九年度の昭和大学医学部の問題です。

AMR（Antimicrobial Resistance）薬剤耐性は細菌、ウイルス、寄生虫など幅広く認められます。人だけでなく動物においても薬剤耐性菌が認められています。そこで人と動物等の保健衛生の一体的な推進（ワンヘルス・アプローチ）の強化に取り組むことが求められています。人と動物等に対するAMR対策にはどのようなものがあるでしょうか。（六百字以内）

この問題は一見すると課題文型のように見えますが、文章中に答案作成のヒントが何もなく、実質的にはテーマ型です。この問題を見るまで「AMR」という言葉を見たことも聞いたこともない受験生は少なくなかったと思いますが、「AMR」ではなく「薬剤耐性」ならそんなことはないでしょう。ニュースでもよく耳にするはずです。

薬剤耐性が最も話題になるのは「薬剤耐性菌」です。抗菌薬の効かない細菌が増えており、かつては治療可能だった感染症の治療が困難になると言われています。なぜこのような耐性菌が生まれるのかと言えば、やはり抗菌薬の使い過ぎが最大の原因です。抗菌薬を投与すればするほどそれへの耐性を持ちやすくなるからです。また医師が処方した抗菌薬を最後まで飲み切らないことも原因の一つです。例えば医師が「この抗菌薬を五日間服用してください」と言うのにはきちんとした理由があるにもかかわらず、調子がよくなったからもう服用しなくてもいいだろうなどと勝手に判断をして服用を中止したり服用量を減らしたりしてしまえば、かえって耐性菌を増やすことになってしまいます。ここまで来れば、AMR対策についてある程度までは書けます。それは次の二点です。

抗菌薬をできるだけ使わないようにすること
処方された抗菌薬を指示通りに最後まできちんと飲み切ること

もっとも、この問題には「人と動物等の保健衛生の一体的な推進の強化」とあるため、人について論じるだけでは不十分だということがわかるでしょう。では「動物の保健衛生」とはどのような動物を想定しているのでしょうか。最初にペットを思い浮かべた人もきっといるでしょう。確かに犬や猫などのペットの保健衛生も重要で、ペットに抗菌薬を投与しすぎることで薬剤耐性菌が生まれることもあります。しかし、それよりも最も深刻な問題が起きつつあるのが畜産業や養殖業です。牛、豚、鶏などの家畜を育てる場合、餌とともに大量の抗菌薬を使用するのが普通です。畜産動物が病気になって死んでしまったり生育が悪くなったりすれば、大きな経済的損失が生じるからです。同じことは養殖業においても言えます。牛や豚が死んだからといって日本ですぐに食料不足になるということはないでしょうが、海外にはそのような国がたくさんあります。そのために牛や豚、鶏、魚介などが病気にならなくても、万一のために抗菌薬を使用しているというのが現状です。そのため畜産業や養殖業においても抗菌薬の使い過ぎを避ける必要があります。もちろん、それだけでは不十分で、他にとるべき対策があります。その一つがこれです。

衛生環境を整える

劣悪な飼育環境で家畜を育てつつ大量の抗菌薬を使うというのはまさに本末転倒です。まず先に衛生的な飼育環境を整え、それでも家畜が病気になれば抗菌薬を使用するべきなのです。他にも病気にならない、あるいはなっても重症化しないようにするために次のことも必要です。

ワクチンを開発し、積極的に使用する

もちろん経済的、技術的にワクチンを開発できない国もあるので、先進国が中心となってワクチンを開発し、発展途上国にもそれを安く提供することも大切です。ＡＭＲの問題はそれぞれの国の問題ではなく世界が一体となって取り組むべき問題だからです。そのため次のことを書いてもいいかもしれません。

世界各国が一体となって互いに協力する

これらのことを答案に盛り込めば合格答案を書けます。

ここまでＡＭＲについて簡単に説明し、どのようなことを答案に書けばいいのかを解説してきました。もちろん受験生がこれらを最初から理解していて、書くべきことを全て書けるとは思いません。むしろ、知識がほとんどなく、問題を前に途方に暮れることの方が多いでしょう。この問題に限ったことではありませんが、小論文の練習をしっかり積んでこなかった受験生の場合、知識が全くなく手も足も出ないということがあります。そのような時はどうすればいいのでしょうか。この問題を例に「手も足も出ない」という状況から、「合格点を取れるかもしれない」

くらいの答案を書く方法を少し紹介したいと思います。

問われている言葉をよく知らないために、何を書くべきかがわからない場合は、こうではないかと思われることを自分で推測し、それに決めてしまう

つまり、よく知らないことでも知っているかのように書くということです。例えば「薬剤耐性菌」という言葉を初めて知ったとか、それへの対策を一度も聞いたことも考えたこともないとかの場合であっても、なんとなくこうではないかと思うことを書きましょう。たとえ自信がなくても自信を持って書くのが大切です。もちろん内容的に完全にずれていることもあるでしょうが、白紙や未完成のままでの提出よりははるかにましです。例えば「人や動物に対するAMR対策には、いくつかのものがある。一つは薬剤耐性菌に負けない体を作ることだ。また薬剤耐性菌を持った動物を全て処分することも重要だ。さらにどんな薬剤耐性菌にも負けない薬を開発することも必要だ」ということを書いたとしても、必ずしも合格点を取れないわけではありません。特に多くの受験生が知らないようなテーマであれば、この程度の答案でも合格点はつくでしょう。

小論文では内容だけではなく文章力も問われている

内容的にかなりずれていても正確な文章を書いていれば評価されるのです。諦めずに一生懸命答案を書きましょう。その姿勢は必ず評価されます。もちろん文章力だけでなく論述内容も素晴らしいというのが理想なので、普段から新聞や本、ニュースなどから様々な情報を得ておくことが最も大切です。

ではこの問題の模範答案を見てください。

一般的に、人を含む動物に抗菌薬を投与するのは動物が細菌に感染し疾患を発症するのを防ぐためだ。例えば魚介や家畜が細菌感染により疾患を発症し、そのまま放置すると死ぬことが多く、経済的な損失や食糧危機の原因ともなったりするだろうし、死なない場合でも人へ感染することで健康に影響が出たりすることになる。

　そこでＡＭＲ対策としてまず考えられるのは、動物が細菌に感染しないような衛生的な環境を整えるとともに、ワクチンを研究、開発し動物に積極的に使用することである。そうすることで細菌の感染を最小限にし、もし感染してもワクチンによって発症や重症化を防ぐことができる。ワクチンの使用については犬や猫などのペットにも有効である。

　次に必要な対策としては抗菌薬の適正な使用が挙げられる。なぜなら必要以上の量の抗菌薬を長期間使用すると、腸内細菌などの体に必要な細菌が大きく減少したり、抗菌薬の効かない薬剤耐性のある菌が生まれたりすることにつながるからだ。また人については処方された抗菌薬を自己判断で中止せず最後まで飲み切るようにする必要がある。

　最後に重要なのはＡＭＲを生み出さないための国際協力である。今やＡＭＲは国内だけの問題ではなく、全世界で取り組まなければならない問題であり、そのためには各国が連携をとってＡＭＲを増やさないための研究とワクチンの開発を進めていくべきだ。

では最後にもう一つテーマ型の過去問を見てください。二〇一九年度の日本医科大学の問題です。

欧米を中心に、屍体や脳死患者から「顔面移植」が行われている。血管や神経を吻合《ふんごう》することにより、皮膚や骨、筋肉をも含む「顔面」すべてを他人に移植できる。移植を受けた患者は、生涯免疫抑制剤を飲み続ける必要がある。イラストの女性は、飼い犬に噛まれた傷に対して顔面移植を受けたが、免疫抑制剤の影響でがんができ十二年後に亡くなった。

生活の質と命のバランスについて考えることを六百字以内で述べなさい。

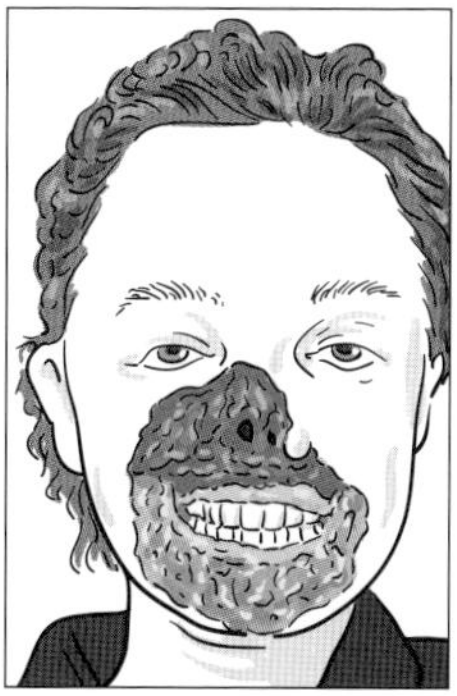

術前

顔面移植術後

この問題も一見すると課題文型に見えますが、この課題文には答案作成のヒントがほとんどないため実質的にはテーマ型です。もちろんわざわざ課題文で「顔面移植」について説明している以上、答案でそれについて全く触れないわけにはいきませんが、触れるのはほんの少しでなくてはいけません。課題文の顔面移植についての説明はあくまで「生活の質と命のバランス」を考える一つのヒントに過ぎないのです。だからこの問題で顔面移植を正面から論じると「テーマ違い」だと判断されてしまいます。

ではこの問題について考えてみましょう。まず「生活の質」と言われてもピンとこない人がいるかもしれませんが、これは「Quality of life」つまり「生命の質」と同じだと考えてください。Quality of life、略してＱＯＬの意義は様々な学問分野によって異なりますが、医療の分野におけるＱＯＬの意義とは次のものだと一般的に考えられています。

病気による症状や治療の副作用などによって患者に生じる変化の中で、患者が自分らしく納得のいく生活の質の維持を目指すこと

例えばがん患者なら病気の進行に伴って痛みや食欲不振などの症状が出てきますし、抗がん剤の投与によって吐き気や脱毛などの副作用も生じてきます。これらは全て患者のQOLを低下させるものであり、できるだけそれを低下させないようにしようという考え方が近年強まってきました。つまりQOLの重視です。この課題文の女性の場合でも免疫抑制剤の副作用によってがんになりやすいということはわかっていたはずですが、それでも顔面移植をしたというのはこの女性のQOLを重視したからでしょう。

人にはそれぞれ人生があり、価値観や物の考え方も多種多様です。治療よりもQOLの向上あるいは維持を希望する患者も当然いるはずで、そのような場合、医師は患者のため存在しているということを重視すれば、自身のQOLを守りたいという患者の願いを全て聞き入れるべきだとも考えられます。しかし、本当にそれでいいのでしょうか。

実はある私立医大の面接試験でこのようなことが聞かれたことがあります。

「あなたが医師になった時、食事制限の指示を守らない糖尿病の患者さんにどう対処しますか」

この質問をされた受験生は「指示を守ってもらうように説得を試みますが、それでも守ってもらえない場合は諦めます。なぜなら、あくまで患者さんの人生なので、守るつもりがないのならどうしようもないので」と答えました。すると面接官は「患者さんが脚を切断することになってもいいのですか」と重ねて質問し、それに答えられない受験生に対し、このように質問しました。

「あなたはそのような患者さんを叱ることができますか」

この時になって初めて質問の意図に気付いた受験生が「勇気を持って叱ると思います」と答えました。その回答を聞いた面接官は「そうだね。常に患者さんの希望通りにするのがいい医師とは限らないからね」とうなずきながら話してくれたそうです。

常に患者の希望通りにするのがいい医師とは限らない

こういうのはとても大切なことだと思います。患者は目の前の痛みや苦しみからどうしても逃れたいと考えます。たとえ命が縮むことになっても構わないとその時は思うかもしれません。しかし、痛みや苦しみに慣れるということはよくありますし、やはりもう少し生きたいという思いが強くなることもあります。感情的になる患者を冷静にさせ、彼らにとってどのようにするのが最善なのかを客観的に判断できるのは医師だけです。つまり患者のＱＯＬと命のバランスをとるのは患者では無理で、専門的な知識のある医師にしかできないのです。この問題の女性に顔面移植をしたのも、医師が患者のＱＯＬと命を秤《はかり》にかけ、顔面移植をする方がこの女性にとっては幸せだと考えたからなのでしょう。

では模範答案を見てください。

　生活の質を高めることができるのなら命が縮んでも構わないと思う患者は多い。例えば足や腰の痛みが激しい患者に、腎臓の負担が大きくなるのでこれ以上の鎮痛剤の処方はできないと医師が伝えたら、腎臓が悪くなっても今の苦痛をもっと緩和して欲しいと患者が言うことがある。このような場合、患者には自己決定権がある以上、医師は患者が望むようにもっと多くの鎮痛剤を処方するべきだという考えがある。そうすることによって生じる様々なリスクを伝え、患者が納得すれば、たとえ命を縮めることになってもそれは自己責任だとするのだ。

しかし、このような場合であっても医師は必ずしも患者の要望に応じる必要はないと私は考える。なぜなら生活の質と命のバランスを客観的に判断できるのは医師だけだと思うからだ。苦しみから逃れたい患者の気持ちと、患者の数年先の健康を秤にかけ、どの程度まで生活の質を向上させられるのかを医師が判断しなければならない。本問の顔面移植を受けた患者の主治医も様々な事情を考慮し、顔面移植をするという判断をしたのだろう。

患者の生活の質の向上だけ、あるいは命を長らえることだけを目指すのではなく、患者の人生にとって最善の医療とは何かを常に考えるのが医師の使命だと私は考える。そのためにも医師が患者とよく話し合い、患者が何を望むのかを理解し、いま何ができるのかをわかりやすく説明することが必要だ。

第3節　特殊型　攻めの答案ではなく守りの答案を

第1節では課題文型、そして第2節ではテーマ型の問題の答案の書き方を解説を加えつつ説明しました。実際の医学部入試の小論文の問題の多くはこれらのどちらかのタイプなので、ここまでしっかり読んでいただければ、後は練習次第でどんどん上達していくはずです。もっとも、これらの二つのタイプ以外に「特殊型」とも言うべきタイプの問題があります。以前に愛知医科大学でサザエさんの四コマ漫画を見てその面白さを説明するという問題が出題されたことがありますが、これがまさに「特殊型」の典型です。最近でも絵を見て、写真を見て、詩を読んで、手紙を読んで、それぞれの問題に答えるなど様々な種類のものが出題されています。

これらの特殊型問題に答えるのはほとんどの医学部受験生にとって難しいことです。思いもよらない問題が出題され、その答案を限られた時間内で書くというのは至難の業です。もちろんそんな問題が出題されても白紙や未完成での答案提出はほとんどなく、多くの医学部受験生は必死になって答案を仕上げようとします。これを書かなければ一年間の努力が無駄になると思えば誰でも必死になります。必死になって考えているうちにふと思いつくのは、次のどちらかです。

誰もが書くと予想される平凡な内容
誰も考えないと予想される面白い内容

例えば皆さんはこのような問題が出題された時にどのように書くでしょうか。
「タイムマシンで三十年後の未来に行けるとすれば、未来の自分に何を言うか」

多くの受験生は「今の志をずっと忘れずに患者さんのために頑張って欲しい」ということを言いたい」と書くでしょう。医学部受験生であればこのような答えは思いつきやすいでしょうが、内容的には実に平凡です。

このような平凡な内容とは対照的に、「自分は親に医学部を受験させられたので、子どもには好きな仕事に就かせてあげるように三十年後の自分に言いたい」という答えもあるでしょう。自分は親に医学部を受験させられて嫌だったのに、そのことをいつの間にか忘れて、自分の子どもにも同じことをしないように言いたいということです。確かにそういう人もいるかもしれません。なかなか面白い内容だとは思います。しかし採点官はどう思うでしょうか。この人は医師になりたくて医学部を受験しているのではないのだな、と思うかもしれません。そんな気持ちで医師になられても困ると感じることもあるでしょう。

率直に言うと、受験生が「これは面白い」と思って書いたことであっても、採点官は「つまらない」とか「ふざけている」と思うのが普通です。小論文の答案ではあえて変わったことを書く必要はありません。誰もが思いつくだろうことを書けばいいのです。受験生自身は攻めの答案を書いているつもりでも、客観的に見ればただのふざけた答案になりかねないのです。

特殊型の問題は、誰も書かないようなことを書く攻めの答案ではなく、誰でも書けるような守りの答案を書く

これが大切です。内容的には平凡なことを書き、文章力で他を圧倒するというのが一番です。もちろん書くことがたった一つしか思いつかなければそれを書けばいいし、自分では普通のことだと思って書いたことが客観的に見ればふざけているように見える場合も仕方がありません。そういう人は感覚が普通の人とは少し違うのですから、それはどうしようもないのです。ここで言いたいのは、書く内容をいくつか思いついた時に、その中のごく平凡なことを書いた方がいいということです。特殊型の問題の答案を書く時はチャレンジャーである必要はないのです。

ではここで特殊型の過去問を一つ見てみましょう。この問題は二〇一八年度の愛知医科大学医学部で出題された

ものです。とても珍しいタイプの問題で、受験生はかなり戸惑ったことでしょう。ちなみに愛知医科大学医学部や順天堂大学医学部、東海大学医学部の問題は毎年特殊型で、多くの受験生が苦戦します。特殊型の問題はこれらの大学だけでなく、他の大学でも出題されることがあるので注意しましょう。なお特殊型の問題は指導する側としては毎年楽しみなのですが、受験生には大変です。

> ある大学生がいました。この学生が街角の小道具屋でふと買った壺を何気なく触っていたところ、中から壺の精が現れて「何でも願いを一つかなえてあげよう」と言いました。その学生が百万円欲しいと願った場合、この壺の精は他の人から百万円を盗んで持ってきますし、永遠の寿命が欲しいと言ったら、他の人の寿命を奪ってその学生にあげるというやり方でその学生の願いをかなえることになります。この学生はどんな願いを願うのか、六百字以内でストーリーを創作しなさい。

愛知医科大学医学部では毎年特殊型の問題が出題されることはわかっているものの、いざこの問題を目にした時に驚いた受験生は多かったはずです。ストーリーを創作するという出題形式は特殊型の中でもまれです。

この問題で見落としてはならないのは次の点です。

壺の精はこの学生が願うものを他の人から奪ってくる

つまり「他から奪ってくることができないものはもらえない」ということです。これを見落として、例えば「三年前に亡くなった祖父に会いたい」「月の所有者になりたい」などと願うのはナンセンスです。

また「十億円が欲しい」という願いは好ましくないでしょう。なぜなら、世界のどこかで誰かを不幸にしてしまう可能性があるからです。このような願い事をしたうえで、その十億円を貧しい人に配るということを書く人もいますが、だからといってお金を奪われてしまう人がいるという点では何も変わりません。また、世界には悪事を働くことで多額の金を手にしている人が必ずいるので、「悪人から十億円を奪ってきて欲しい」と願う、と書く人もいます。そしてその金を貧しい人達に配るというのです。確かに悪人からなら現金を奪っても構わないような気がしますが、「悪人」の判断は難しいでしょう。何をもって「悪人」とするのかの基準が不明確なので、壺の精もその願い事を聞き入れないかもしれません。このように考えると、次の二点が重要だということがわかります。

何かを欲しいと願う場合は他人を不幸にしない

願い事の内容がある程度明確である

なお、受験生の中には、次のようなことを書く人がいますが、これでは合格点をもらえないでしょう。

何かを願えば他人が不幸になるので、この学生は何も願わない

誰も不幸にしないために、この学生は壺を叩き割る

なぜなら、この問題には「この学生はどんな願いを願うのか」とあるので、「何も願わない」とか「壺を叩き割る」では問いに答えたことにはならないからです。では、これはどうでしょうか。

この壺の精がいる限り誰かが不幸になるかもしれないので、二度と壺から出てこないでくれと願う

他人を不幸にせず、願い事の内容も明確なので、一見すると素晴らしい願い事のように思えます。しかし、そのようなストーリーでは合格点はつきません。なぜなら「壺の精はこの学生が願うものを他の人から奪ってくる」ということを見逃しているからです。二度と壺から出てくるなという願いは他の誰かから何かを奪ってきてかなえることができるものではありません。

ではどのような願い事をすればいいのでしょうか。例えば「髪を一本欲しい」というのはどうですか。願いの内容が明確で、誰も不幸にしません。「一円欲しい」もそうです。一円くらいなら誰も不幸にすることはないでしょう。他の人から奪っても、その人を不幸にしないものを願うというのはどうですか。「がんになりたい」と願えば、壺の精はどこかにいるがん患者から病気を奪ってくるはずです。

そのあたりを考えて書いたのが次の模範答案です。

　この大学生の体は進行性のがんで侵されていました。三か月前に体調を崩し、病院で受診した時には既に体のかなりの部分にがんが転移していたのです。今では心臓と肺を除くほとんど全ての臓器にがんが転移しています。医師になって一人でも多くの人の命を救う、という夢を抱いて医学部に入学した彼にとってあまりに残酷な現実でした。絶望的な気持ちで日々を過ごしていた彼の願いはただ一つ、「健康になりたい」というものでした。

　壺の精が願い事をかなえてくれると知った時、彼はこのかねてからの願いを口にしようと思いました。しかし、その願いは他の人から奪ってきたものを自分に渡すことによってしかかなえられないということを知り、彼の心は揺れました。自分が医師になれば、たくさんの人の命を救うことができる一方で、何の罪もない人の命を奪ってしまう。少し考え、彼は腹を決めました。自分のために誰かの命を犠牲にしても構わない、と考えるような人間が医師になるべきではない、と。

　彼は壺の精に「誰かから何かを奪う場合、その人はそれを全て失うのですか」と尋ねました。壺の精は「そうだ。例えば金なら一円も残さずに全てお前に渡してやる」と答えました。それを聞いた学生は静かに微笑み、「では今すぐに私を末期の肺がんにしてください」と言いました。人の命を救うという自分の夢をかなえ、彼が笑顔で息を引き取ったのはそれから数か月後のことです。

では次の特殊型の問題を見てください。これは二〇二〇年度の日本医科大学の過去問です。

あなたは運動部の顧問です。大会での優勝を目指しています。次の四人の最上級生から主将、副主将を任命することになりました。四人の特徴をまとめたのが表1になります。

表1　最上級生四人の特徴

区分	性別	国籍	対人関係	ポジション
A君	男性	日本人	周囲とのコミュニケーションは苦手	レギュラーで中心選手
B君	男性	日本人	チーム一の人望がある	レギュラーではない
C君	男性	外国人（留学生）	日本語はほとんど話せない	レギュラー
D君	女性	日本人	人前に出るのが苦手	レギュラー

四人を最大限生かすチームになるように、あなたの考えを六百字以内で述べなさい。

なかなか面白い問題ですが、運動部に入っていた経験のある受験生ならそれほど迷わずに答案を書くかもしれません。それは自分が所属していたチームを基準に直感的に答えることができるからです。もっとも、直感的に選んだ答えが常に妥当かどうかはわかりません。例えば自分の部活動での経験から、主将はレギュラーから選ばなければならないと考え、その中でも中心選手の方が望ましいと考える人は即座にAを主将にするでしょう。しかしAは周囲とのコミュニケーションが苦手なので、少なくとも言葉で周りを引っ張っていくのは難しいでしょう。もちろんプレーで周りを引っ張っていくということはできますが、それで主将の役割を果たすことができるのかという疑問もあります。仮にAを主将にすると、副主将は誰にするべきなのでしょう。その場合はBを副主将にするという意見が強いと思います。それはAでは不十分なところをBなら力バーできると考える人が多いからです。このように主将をA、副主将をBというのも一つの考え方で、きちんと理由を書けるのであれば立派な合格答案になり得ます。

その一方で、Aを主将にするべきではないという意見もあります。それはプレーで周りを引っ張っていくだけでなく、言葉によって仲間を鼓舞し、支えていくことが主将の最も大きな役割だと考えるからです。確かにプレーで周りを引っ張っていくのは主将や副主将以外の者でもできそうな気がします。このような意見の違いは、主将にどのような役割を期待するのかによって生じてきます。例えば主将に「チームの優勝に向けてチーム全体をまとめ、引っ張っていく役割」を期待するのなら、やはりチーム一の人望があるBを主将に選ぶでしょうし、「チームをプレーで引っ張り、他の選手の見本になる役割」を期待するのなら、レギュラー選手で中心選手であるAを主将にすることになるはずです。

同じことは副主将についても言えます。一般的に副主将の役割は主将を補佐し、主将の目の行き届かない所に目を向け、フォローしていくことです。そのことに気が付けば、主将を決めることで副主将も決めやすくなるはずです。答案を書く際には、冒頭で次のことについてきちんと言及するべきです。そうすれば論述の説得力がぐっと増します。

主将や副主将にどのような役割を期待するのか

なお、この四人の中でBを主将にも副主将にもしないという人は少ないと思います。Bを除く三人には対人関係の構築に問題があるので、Bをどちらにも選ばなければチームはまとまらなくなってしまうでしょう。また日本語をほとんど話せないCは主将にも副主将にも選びにくいというのは誰でも気が付くはずです。もちろん先に述べたようにプレーで周りを引っ張っていくということに重点を置くのならCを主将や副主将にすることもあり得ますが、AやDでもプレーで周りを引っ張っていくことはできるので、日本語をほとんど話せないCをわざわざ主将や副主将にすることは考えにくいです。

判断に迷うのはDです。Dは「人前に出るのが苦手」ということですが、これをどのように評価するのかで迷います。Aの対人関係が「周囲とのコミュニケーションは苦手」となっているのに対し、Dは「人前に出るのが苦手」なだけなので、一対一ならきちんとコミュニケーションをとれるということではないでしょうか。コミュニケーションをとれるかどうかという点で考えればAよりはDの方が優れていると言えるでしょう。Dは最上級生の中で唯一の女性なので、他の女子部員の気持ちを理解することができるかもしれません。そのようなことも配慮すれば答案に厚みが出るはずです。

ここで一つ注意しておきたいことがあります。この問題のような特殊型の問題の場合、あえて変わったことを書こうとする受験生がいます。いわば「攻めの答案」です。例えば「私は四人全員を主将にし、副主将はなしにする」とか「誰も主将や副主将にせず、全員で話し合ってチームの方針を決めていく」などと書く人がいるのです。自分ではうまく考えたと思うのかもしれませんが、このようなことを書いても間違いなく合格点はつきません。四人の特性を理解したうえで誰を主将と副主将にするのかを考える、というのが出題者の意図であり、ごまかしのような答案を書いても合格点はつきません。

問題に正面から取り組み、誰もが書くだろうことを正確な文章力で表現する

このことが求められているということを忘れないでください。これが「守りの答案」です。

模範答案では「主将や副主将に選ばれたことが競技に影響しないか」について触れてあります。例えばAが主将に選ばれた場合、なんとかしてチームをまとめ上げ、引っ張っていこうとするでしょう。周囲とのコミュニケーションが苦手な彼にとってはかなりの負担になるはずです。彼の責任感の大きさが競技でのパフォーマンスに影響することも十分考えられます。そう考えればやはりAを主将や副主将にするのは難しいかもしれません。

では模範答案を見てください。

　そもそも、主将はチームが目標に向かって一丸となれるように部員をまとめる役割を、そして副主将は主将を補佐し、主将の目の届きにくい所にきちんと目を向ける役割を果たすために置かれる。そのため主将や副主将はレギュラーである必要はなく、人望やコミュニケーション能力の高さを重視するべきだ。

　以上のことを踏まえると、主将にはBを選ぶべきである。Bはレギュラーではないもののチーム一の人望があるため、周りの者が彼についていきやすく、彼ならチームを一つにまとめることができると考えるからだ。そして副主将にはDを指名する。Dは人前に出るのが苦手なだけで、部員一人ひとりとはしっかりコミュニケーションをとれるので、主将の目の届きにくい所に目を向け、チームを支えることができると思うからだ。またDはレギュラーなので他の部員に技術的なことをアドバイスできるだろうし、女性なので女子部

員の悩みの相談にも乗れる。

　このように私はBとDを役職に就けるが、それにはもう一つ大きな理由がある。それはAとCを競技に集中させるということだ。AとCを役職に就ければ彼らはきっと自分の役割を果たそうとするだろうが、コミュニケーションをうまくとれない彼らにとってはそれが大きなストレスとなり、試合で本来のパフォーマンスを発揮できなくなる可能性がある。それは彼らにとって、そしてチームにとってもマイナスであると私は考えるのである。


では次の問題を見てください。これは二〇二〇年度の産業医科大学医学部の問題をモデルにして作ったオリジナル問題です。

> Aさんは予備校生（二浪生・男子）で、現在医学部受験専門予備校（生徒数五十名）に通っています。Aさんが他の生徒にラインの交換を申し出ると、男女を問わず、しばしば断られます。Aさんが相手の連絡先を得られるようにアドバイスをしてあげてください。（六百字以内）

さあ、どのようなアドバイスをすればいいでしょうか。こういう問題の時に多くの人がやりがちなのが、いきなりアドバイスを始めるというものです。しかし、何か問題が起きた時には必ず原因があり、それを考えずにその問題への対策を講じようとしても無理があります。やはり第2章第2節で述べた「現状↓原因↓対策」という考え方がここでも重要になってくるのです。

　いま「ラインの交換を断られる」という現状があり、それには必ず原因があります。それさえわかれば対策を講じることは可能でしょう。なお、もう一つ注意して欲しいのは次のことです。

勝手に状況を設定しない

例えば「あなたはたまにしかお風呂に入らないから体が臭い。だから皆にラインを交換してもらえない」とか「あなたはいつもにやにやしているので周りから不気味がられている。だからライン交換を断られるのだ」などと問題文にない状況を自分の都合のいいように勝手に設定し答案を書く人が意外にいますが、それではだめです。そんなことが許されるなら、この問題は成立しません。ライン交換を断られる理由を自分なりに想像し、もしそうであればこうするべきだとアドバイスしなければいけないのです。もちろん普通に想像できる範囲のことを書く必要があります。

ライン交換を当然のことであるかのように頼む
何の理由もなしにライン交換を申し出る

これらなら構わないでしょうが、普通なら少し考えにくいようなこと、例えば先ほど示したような「体が臭い」などは許容されにくいと思います。

もう一つ注意すべき点は、設問の「Aさんは現在医学部受験専門予備校に通っている」という点を見落とさないということです。医学部受験はとても過酷です。合格によって得られるものがとても大きい分、合格までの努力は並大抵のものではありません。二浪生のAさんも合格に向けて努力をしているはずですが、もし周りから「あの人は遊んでばかりいる」と思われているとすれば、やはり彼とライン交換をしたくはないでしょう。なぜならそういう人と関わると遊びに誘われたり、ラインが日に何度も送られてきたりして勉強の妨げになることが容易に想像できるからです。このような理由から次のことをアドバイスの一つに盛り込むことがとても重要だということがわかるでしょう。

Aさんとライン交換をすることが受験勉強の妨げになると思われているのではないか

なお、この点に気付いたうえで「医学部受験生なのだからライン交換などせずにしっかり勉強しましょう」とアドバイスする人もいます。自分自身も医学部受験生なので、そういうアドバイスをしたくなるのかもしれません。しかしこのようなアドバイスは蛇足であって、書くべきではありません。なぜなら問題には「Aさんが相手の連絡先を得られるようにアドバイスをしてあげてください」とあるからです。「勉強しましょう」という忠告だけでは問題は解決しません。やはり問題文をよく読むということは大切です。

では模範答案を見てください。

ラインの交換を断られるということですが、それにはいくつかの原因が考えられます。その原因に当てはまるという自覚があれば、その原因そのものを改善していけばいいと思います。そこで考えられる原因と改善策をいくつか示すので、ぜひ参考にしてください。

　考えられる原因の一つ目は、あなたがそれほど親しくない相手のラインを聞こうとしていることです。どんな人かよくわからない相手にラインを教えるのは誰でも怖いし、そういう人は非常識だと判断して警戒してしまいます。もし思い当たる節があるのなら、もっと親しくなってから聞くようにしましょう。

　考えられる原因の二つ目は、あなたの頼み方が横柄で、謙虚さに欠けることです。どんなことでも相手にものを頼む時には謙虚な態度でなければなりません。「教えてよ」と軽い口調で言われるのが嫌な人もいます。もしあなたが軽い感じで頼んでいるのであれば、もっと丁寧にお願いしてはどうでしょうか。

最後の一つはあなたの印象です。あなたは周りの人からどのような印象を持たれているでしょうか。もしあなたが遊び人だと思われているとすれば、周りの人はあなたを敬遠するでしょう。予備校は勉強する場所なので、遊び人と関わって自分が遊びに引き込まれてしまっては予備校に通っている意味がなくなるからです。もし思い当たる節があるのなら、そう思われないように言動や服装に気を付けた方がいいと思います。

では最後にもう一つ特殊型の問題を見てください。これは二〇一八年度の東海大学医学部の問題です。

「カバンには　パソコンスマホ　紙おむつ」（働くパパママ川柳、大賞受賞）

この句は、第一回「働くパパママ川柳」の大賞作品です。仕事と育児で慌ただしい状況がよく伝わってきます。あなたの現在の状況や将来の意気込みが伝わるような一句を詠み、その心境を五百字以内で説明してください。

東海大学医学部の小論文は例年面白い問題が出題されますが、まさか川柳を詠まされるとは思いませんでした。ただ、手も足も出ないということはないでしょう。言うまでもないことですが、川柳とは五七五の音を持つ定型詩で、季語を必要としません。

この問題のポイントは「あなたの現在の状況や将来の意気込みが伝わるような一句」というところです。これに気付かずに川柳を詠んでも採点官に呆れられるだけです。では「現在の状況や将来の意気込み」をどのように理解すればいいのでしょうか。

ここは常識的に考えて、「医学部受験生のあなた」の状況や意気込みということです。例えば、川柳を詠むのが会社員であれば次のようなものでもいいでしょう。

「リモートで　上はワイシャツ　下パジャマ」

コロナ禍のためにテレワークをする人が多くなりましたが、家にいる場合でもリモート会議をする必要がありますす。そこで画面に映る上半身はワイシャツを着て、下はパジャマのままでいる、という人も決して少なくはないはずで、この川柳はそのことを詠んだものです。もちろん、この川柳では合格点を取れません。医学部受験生にはこのような状況はほとんど当てはまらないからです。ではこれはどうでしょうか。

「春が来て　無職の自分に　腹が立つ」

春が来ても無職であるということは、浪人生活が始まったということでしょう。浪人をするには人それぞれの事情があります。部活に夢中になって勉強をおろそかにしていた人もいれば、一応勉強はしていたけれどやり方が甘かった人、家庭の事情で浪人せざるを得なかった人もいるでしょう。どのような理由であれ、喜んで浪人生活を迎えた人などほとんどいないはずで、この句は浪人生活を送ることになった自分への腹立ちを詠んだもので、浪人生の多くは共感できるはずです。しかし、この句では合格点はつきません。なぜならこれは「現在の状況」ではないからです。この問題はその年の二月に出題されたものであり、その時点では自分への腹立ちはないはずです。

このようにずれた句を詠んでしまうのは「設問をよく読んで、解答の条件を知る」という基本的なことがわかっていないからです。

設問に示された条件を守らなければ合格点はつかない

ということを肝に銘じておいてください。

では次の川柳はどうでしょうか。

「医師よりも　なりたいものが　他にある」
「将来の　私の夢は　医師柱《いしばしら》」

最初の句は理由次第ではなんとかなるのかもしれませんが、あまり好ましいとは言えません。医師を目指している受験生が「他になりたいものがある」と詠んでも笑えません。冗談を理解してくれる採点官ばかりではないのです。変に攻めるのではなく、守りの答案を書くというのはこういうことです。

二つ目の句は大人気アニメ「鬼滅の刃」を知っている人ならすぐに意味がわかります。鬼滅の刃における「柱《はしら》」とは鬼を倒すことを使命としている「鬼殺隊」の中で最も位が高い九名の剣士を指します。だから「医師柱」とは「医師の中で最も優れた者」という意味なのでしょう。なぜ自分がそのような存在になりたいのかをきちんと示せれば合格点がつくかもしれません。ただ、『鬼滅の刃』をよく知らない人であれば「何これ」と思うだけでしょうし、理由を読んでも「普通に川柳を詠めばいいのに」と感じるかもしれません。あまりにリスクが高いと言えます。

やはりこのような問題であっても、誰が読んでもすぐに理解できる内容であることが望ましいです。変に攻めるのではなく、誰もがわかるようなことを書きましょう。何度も言いますが、平凡な内容と正確な文章力で勝負してください。

では模範答案を見てください。

「白衣より　今はスーツに　憧れる」

　私にとって白衣は医師の象徴だ。医師以外の職業でも白衣を着るが、やはり代表的なものは医師だと思う。だから医師を目指す私には白衣は憧れであり、自分が将来白衣を着て働いている姿を想像して、これまで自分なりに一生懸命努力してきたつもりだ。
　ところで、医学部受験には越えなければならない大きな壁が二つある。まずは一次試験だ。この一次試験である程度の人数までふるいにかけられると、次は二次試験がある。二次試験では主に面接が行われるが、私はこれまでに一次試験を通過したことがないため、二次試験を受けた経験がない。私のような浪人生は二次試験ではスーツの着用が常識で、私も面接試験用にスーツを購入しているが、残念ながらまだスーツの出番はない。同じ予備校の友人たちがスーツを着ているのを見ると、どこかの大学で二次試験を受けてきたのだとわかり、うらやましくなる。スーツを着ている者同士が面接試験の内容について情報を交換している姿もよく見るが、もちろん私はその輪の中に入れない。私も早くスーツを着て面接試験を受けたいという気持ちが強くなり、今は白衣よりもスーツに憧れを抱いてしまうほどに気が焦ってしまっている。

この川柳を見て、共感できた受験生は多いのではないでしょうか。スーツ姿の仲間を見て、自分だけが取り残されたような感覚になった人もいるでしょう。仲間が次々に一次通過を果たす中で、やり場のない焦りや怒り、悲しみでどうしようもない気持ちになったこともあるはずです。努力をすれば必ず合格できるわけではありませんが、努力しない限り合格はありません。暗くて先の見えないトンネルを一人で歩くのは苦しいものです。しかし諦めずに努力を重ねることで、そこに一筋の光明が差し、トンネルの向こう側に出る瞬間が訪れると信じて今は頑張ってください。

ここまでで本書の小論文編は終わりです。次の面接編では皆さんがスーツ（現役生は制服ですが）を着て面接に挑む際に必要な知識と情報を解説していきます。

面接 編

第1章 医学部受験の面接試験で求められるもの

第1節 医師としての資質は十五分では見抜けない

一次試験を通過した生徒に面接練習をする際、よく聞かれることに次のようなものがあります。

「医学部入試の面接試験で面接官は何を見ているのでしょうか」

私は生徒からこの質問をされた時、こちらから逆に「君は面接官は何を見ているのだと思う」と聞くようにしています。すると多くの場合、「医師としての資質、例えば医師になって患者さんを救いたいという思いがどれほどあるか、高い倫理観を持っているかとかだと思います」という回答が返ってきます。

確かに、医学部入試の面接のための多くの参考書などには「面接では医師の資質の有無を見ている」のように書かれているので、生徒がそう思うのは無理もありません。しかし、これは完全な誤解です。考えてみてください。わずか十五分程度の面接試験で、受験生の医師としての資質を見抜けるものでしょうか。

面接試験においてよほどのことがない限り、医師としての資質など見抜けるわけがありません。もっとはっきり言えば、自分にそんな能力などないことは面接官自身もよくわかっているはずです。

例えば、実際の面接試験で次のような質疑応答がありました。

あなたは、将来どんな医師になりたいのですか。

私は、地域の患者さんに信頼されるような医師になりたいと思っています。

どうすれば、地域の患者さんに信頼される医師になれると思いますか。

やはり、患者さんと十分にコミュニケーションをとり、患者さんが何を不安に思い、どんなことを求めているのかを常に考えることが大切だと思います。

なるほど。

このようなやり取りは実際の面接試験では日常茶飯事ですが、どのように感じましたか。きっと「この受験生には医師としての資質がある」と感じたでしょう。

では、この受験生が患者のことなど何も考えず、ただ金や社会的地位のために医師になりたいと思っている時、このような受け答えはできないのでしょうか。そんなことはありません。**事前に準備をしておけば、このくらいの受け答えは当然できる**のです。もちろん、次のような受け答えをすれば、この人には医師としての資質がないと判断されるでしょうが、そんな受験生はほとんどいません。

あなたは将来どんな医師になりたいのですか。

金をたくさん稼げる医師になりたいです。

何が言いたいのかと言えば、医師としての資質があるように演じることは可能であって、わずかな面接時間で受験生の本質などわかるはずがないということです。

では、限られた時間の中で、面接官はいったい何を見ているのでしょうか。一般的に言われているのは、「コミュニケーション能力の有無」です。医師は老若男女問わず、多くの患者とコミュニケーションをとらなければならないので、コミュニケーション能力の有無を確かめようとすると言われています。

こんなふうに言うと、**どのくらいのコミュニケーション能力が求められるのか**ということが気になるかもしれません。

例えば、次のようなやり取りを見て、この受験生にコミュニケーション能力が欠けていると思いますか。

あなたの尊敬する人物は誰ですか。

…父です。

ああ、できれば身内の方以外で挙げてもらえますか。

…すみません。いま思いつきません。

そうですか。ではあなたの座右の銘は何ですか。

座右の銘ですか…。（沈黙）

はい。いいですよ。次の質問です。あなたの高校生活の一番の思い出って何ですか。

…文化祭です。

文化祭の何が一番印象に残っていますか。

…部活の仲間と模擬店をしたことです。

そうですか。わかりました。

ほとんど全ての質問に対して即答できず沈黙も多いこの受験生を、どう評価するでしょうか。

実際の面接試験での評価は「コミュニケーション能力あり」となります。なぜなら面接試験という緊張状態の中でなら、こんなふうに即答できないことは十分にあり得ますし、回答の内容も的外れとは言えないからです。

全ての質問に沈黙したままであるなどの場合を除けば、普通はコミュニケーション能力に問題はないと判断されます。つまり**普通に会話ができれば十分**なのです。雄弁である必要はありません。

念のために言っておきますが、医師に必要な資質としてはコミュニケーション能力以外に、協調性やリーダーシップ、体力、高い倫理観、学び続ける姿勢、探究心などいくつもあります。既に述べたように「コミュニケーション能力」は、よほどのことがない限り欠けているとは判断されませんし、その他のものも面接でのやり取りだけではその有無を判断することは困難です。

例えば、次のような回答をする人はいませんよね。

あなたには協調性がありますか。

いえ、私には協調性はありません。

つまり質問だけでは見抜けないことが多いのです。

そこで**判断材料となるのが調査書**です。例えば、高校三年間で野球部に所属していたということが調査書に書かれていれば、「集団競技を三年間続けたのだからきっと協調性はあるのだろう」と面接官は推測し、「あなたには協調性がありますか」と念のために聞いてくるのです。つまり、面接官としては確認のために聞いているのであって、本当にその質問で協調性の有無を知ることなどできないと思っています。

以上のように医師に必要な資質の有無を面接試験だけで判断することはできません。

一方、「この人は合格させたくない」と面接官が思う場合もあります。次のやり取りを見てください。

あなたが研修医一年目の医師だとして、患者さんの治療方針について指導医と意見の食い違いがあった時、あなたならどうする。指導医の先生の意見に従うかな。それともあくまで自分の意見を強く主張するかな。

私ならきっと自分の意見を強く主張すると思います。

ほう。それはどうして。

患者さんのことを自分なりに一生懸命考えてのことだと思うので、たとえ指導医の先生のお言葉であっても、自分の意見をきちんと主張することが必要だと思うからです。

なるほど。ではあなたが自分の意見を主張しても、指導医が「私の経験上、君の治療法はあの患者さんには妥当ではないと思う」と言って、聞き入れてもらえない場合は諦めるかな。

諦めたりはしないと思います。指導医の先生にも間違いはあるでしょうから、さらに上の立場の先生に相談することを考えます。

ほとんどの面接官は、この受験生を合格させるべきではないと判断します。このやり取りは実際の面接試験で行われたものですが、この続きを見れば、この受験生が面接試験で合格点をもらえなかった理由がわかるはずです。

なるほど。あなたはすごい正義感の持ち主なのですね。

ありがとうございます。私は患者さんのことを第一に考える医師になりたいと思っていますので。

一つだけ聞きますね。あなたは患者さんのことを思って自分の意見を曲げない、という趣旨のことを言っていたけど、指導医は患者さんのことを思っていないと考えているのかな。

…いえ、指導医の先生も考えておられると思いますが、私も一生懸命考えるはずなので…。

あなたは研修医一年目だと最初に伝えたよね。そんなあなたと指導医とではどちらの方が知識と経験があるのだろう。

もちろん、指導医の先生の方が知識と経験をお持ちだと思います。

そりゃそうだよね。ではその経験豊富な指導医が自分の経験に基づいて患者さんの治療方針を提案しているのに、それを否定する根拠はあるの。

い、いや、それは…ありません。

要するにあなたは自分の体面やプライドを気にしているのでしょ。そういうあなたが患者さんのことを思って、などということは言わない方がいいんじゃないかな。

…はい、すみませんでした。

結果的にこの受験生は不合格になりました。面接試験の出来が原因で落とされたのかどうかはわかりませんが、この面接が不利に働いたのは間違いないと思います。この受験生によると、面接官は終始笑顔だったそうですが、腹の中では「なんて生意気なやつなんだ」と思っていたに違いありません。

こんなふうに、「この受験生は生意気だから」などという理由で不合格になるのだろうかと思うかもしれません。もっと客観的に受験生を評価するものだと多くの人は信じているでしょう。もちろんそれが理想ですが、現実は理想とは大きく異なっています。

はっきり言いましょう。面接官は受験生の医師としての資質を見ているのではありません。

この受験生が自分の医局に入ってきた時に皆とうまくやっていけるか

このことを見ているのです。ごちゃごちゃと面倒くさいことを言い出したり、先輩に生意気な口をきいたり、トラブルを起こしたりしそうな受験生はできるだけ不合格にしてしまいたいのです。だから先ほどの質疑の中で、指導医の意見に納得がいかなければさらに上の立場の先生に直訴すると言うような受験生は、面接官にとっては問題外だということがわかるでしょう。

なお、「こいつは生意気だから合格させない」というようなことは、医学部と歯学部以外の学部ではほとんどありません。それは次の二つの理由によります。

① 卒業生が自分と同じ職場で働くということは医学部と歯学部以外ではほとんどない

医学部と歯学部では、面接官と受験生とが一緒に働くということが将来かなりの確率で起こります。だからこそ、生意気な受験生は入学させたくないのです。この二つの学部だけが入学試験の中に面接を取り入れているのも納得できるはずです。

② 医師はとてもプライドが高い

大学の先生方には申し訳ないとは思いますが、ここではあえて言っておきます。彼らは、自分達は最難関学部の入試を突破して医師になった、そして自分達だけが人の命を扱う職業に就いているという誇りを持っています。確かに医師になるまでの努力はすさまじいものがあったでしょうし、医師になってからも勉強の毎日です。それは本当に尊敬に値します。その誇りがあるからこそ日々の努力を重ねることができるのでしょう。しかし、そのプライドの高さゆえに生意気な受験生を不快に思うことがあるのです。彼らのプライドを傷つけるようなことを言えば、どんなに学科試験の点数が高くても面接試験だけで不合格にされてしまうということを絶対に忘れてはいけません。

第2節　最も大切なのは礼儀と謙虚さ

第1節では、わずかな面接時間では受験生の医師の資質を見抜くことはできないこと、そしてその代わりに「この受験生が自分の医局に入ってきた時に皆とうまくやっていけるか」を見ているのだということを説明しました。だからといって、面接官に媚びるような態度や発言をするのはかえって逆効果です。「こいつはあざといやつだ」と思われる可能性があるからです。

では面接試験で最も大切なのは何でしょうか。それは次のことです。

礼儀と謙虚さ

ドアをノックした瞬間から退室してドアを閉め終わるまでが面接試験です。その全てにおいて礼儀正しく、謙虚でいなければいけません。面接官は、礼儀正しい受験生はきっと医局に入ってても礼をわきまえるだろうし、謙虚さを持っていれば傲慢な医師にはならないだろうと考えます。きちんと挨拶をして頭を下げることで印象をよくするべきです。そして会話においては謙虚さを見せましょう。

必ず挨拶の練習をしておいてください。**頭を下げる角度や腕の振り方、首の動かし方、腕や手の位置などを徹底的に練習しましょう。**そうしておけば、入試本番で、「あなたはとても礼儀正しいですね」と面接官に褒めてもらえるかもしれません。

次のページの表は面接練習のチェック項目です。それぞれの動作が流れないように意識しましょう。

挨拶や礼儀作法については、これだけのチェック項目を全てクリアすれば本番でも面接官に好印象を持ってもらえます。

面接練習チェック項目

Check 1 入　室

- □ ドアの外の挨拶の声が聞こえる
- □ ノックの仕方　強さ　速度　回数
- □ ドアの閉め方
- □ 「失礼します」の挨拶　はきはき話す
- □ 頭の下げ方　深さ　速度
- □ 手の位置
- □ 背筋

Check 2 移　動

- □ 背筋
- □ 腕の振り
- □ 速度
- □ 立ち位置

Check 3 着　席

- □ 本人確認時の話し方
- □ 「よろしくお願いします」「〜いたします」の挨拶
- □ 手の位置
- □ 頭の下げ方　深さ　速度

Check 4 着席後

- □ 背筋
- □ 手の位置
- □ 目線
- □ 脚の位置
- □ 頭の動かし方

Check 5 起　立

- □ 立ち位置
- □ 「ありがとうございました」の挨拶
- □ 手の位置
- □ 頭の下げ方　深さ　速度

Check 6 移　動

- □ 背筋
- □ 「失礼しました」の挨拶
- □ 声の大きさ
- □ 手の位置
- □ 頭の下げ方　深さ　速度

Check 7 退　室

- □ ドアの開け方
- □ ドアの閉め方

次に「謙虚さ」について具体的に説明しましょう。面接試験ではこういう質問がよくされます。やり取りを見てください。

あなたはコミュニケーション能力に自信がありますか。

はい。自信があります。

なぜ自信があるのですか。

私は高校三年生の時に生徒会長を務めました。その時にいろいろな人と話す機会があり、それによって十分なコミュニケーション能力を身に付けました。

あなたの今のコミュニケーション能力は患者さんに信頼される医師になるのに十分なものだと思いますか。

はい。十分なものだと思います。

最後の回答は危険です。なぜなら面接官にとっては「生徒会長をやっただけで医師に必要なコミュニケーション能力を身に付けただなんて、なんとも身の程知らずなやつだなあ」と思えるからです。このような質問には次のように答えて謙虚さを示すべきです。

「いいえ。私のコミュニケーション能力では、まだまだ不十分だと思います。もっと様々な人と交流を持つことで、コミュニケーション能力を高めていきたいと思います。」

では次に、「あなたが医師に向いていない点は何だと思いますか」という質問に関するやり取りを見てください。

あなたが医師に向いていない点は何だと思いますか。

医師に向いていない点ですか…。特にはないと思います。

本当に何もありませんか。

…え、はい、ありません。

仮に自分自身では医師に向いていない点などないと思っていても、このような回答では謙虚さが伝わりません。謙虚さを示すには次のような回答が理想です。自分に自信があるのはいいことですが、その自信が裏目に出る場合があるということを覚えておきましょう。

「他人に感情移入をしやすい点だと思います。患者さんに感情移入しすぎてしまうと、冷静に客観的な判断ができなくなってしまうのではないかという点が少し心配です。」

余談になりますが、以前、面接試験にやたらと弱い生徒がいました。彼はいわゆるビジュアル系の生徒で、独特の髪型、細く剃り整えた眉、力のある眼《め》が印象的でした。最初の頃にはろくに挨拶もできず、話をしても生意気な印象を受けました。何度か注意されるうちにきちんと挨拶ができるようになり、成績もどんどん上がり、十以上の私立医大の一次試験を通過しました。しかし残念ながら最終合格を果たすことはできませんでした。小論文は上手な生徒だったので、面接試験で落とされたとしか考えられませんでした。そこで、「眉毛を整えるのはやめる」「普通の髪型にする」「少しカラフルな眼鏡をかけて顔の印象を柔らかなものにする」という三点を指導しました。

　翌年の受験でも次々に一次試験通過を果たしていきましたが、やはりなかなか最終合格には至りませんでした。そこで、外見以外のことについて改めて考えてみました。なぜなら、彼は他の受験生と見た目ではほとんど変わらなくなっていたからです。その時に気になったのが、彼の回答の遅さでした。何を話すにしてもほんのわずかですが遅れるのです。時間にしてみればおそらく一秒ほどだと思うのですが、その遅れが人を食ったような印象を与えるのではないかと思いました。普段彼に接している者にとっては、その一秒の遅れなど全く気にならないのですが、初対面の面接官には気になったのかもしれないのです。そこで、「質問されればすぐに答えるように」と指導しました。しかし、意識して一秒遅らせているわけではないし、二十年間もそのような話し方をしてきたのですから、「すぐに答えろ」と急に言われても直しようがありませんでした。

　困り果てた時に考えついたのが、次の方法です。

質問されたら間髪を入れずに「はい」と答える

という方法です。例えば

あなたの趣味は何ですか。

…私の趣味は釣りです。

従来のこのような回答を、次のように変えるのです。

「はい。…私の趣味は釣りです。」

こんなことで印象は変わるのかと思うかもしれませんが、やってみればわかります。先に「はい」と答えることで、その後に一秒の遅れがあっても決して生意気な印象を与えることはなくなりました。残された面接試験ではこのやり方でいこうと決め、何度も繰り返し練習をしました。

彼はその直後から次々と最終合格を果たし、今は医大生になっています。やはり一秒の遅れが生意気で傲慢な人間だと思わせていたのかもしれません。一人ひとりの癖や特徴に合わせた面接練習が大切だと改めて実感しました。

面接試験では話す内容よりも印象が大切です。しかし、礼儀や謙虚さは一朝一夕で身に付くものではありません。普段から意識しておくべきもので、面接試験の緊張状態の中で演じることはなかなか難しいものです。

例えば面接試験で自分のことをうっかり「俺」や「下の名前」で呼んでしまうことがあります。普段の自分の呼び方としては、男の子なら「僕」「俺」「自分」、女の子なら「私」「あたし」「うち」「下の名前」などが多いでしょう。家族や友人の前ではそれでも構いませんが、先生など目上の人にはきちんと**「僕」「私」を使うべき**です。うっかり「俺は」などと言ってしまい、慌てて「すみません、私は」と言い直すことのないようにしましょう。

また、自分の両親を「親」と言う人も多くいますが、これも感心しません。きちんと**「父」「母」「両親」と言うようにしましょう。一つひとつの言葉の使い方で印象は大きく変わってくる**ということを忘れてはいけません。

第3節 周到な準備と練習の必要性

第2節では礼儀と謙虚さの重要性について説明をしました。まずは内容よりも印象をよくすることが必要なのですが、話す内容はどうでもいいのかと言えば決してそうではありません。**話す内容も一定レベル以上に達していなければ合格点はつかない**と思ってください。

ここで肝に銘じて欲しいことがあります。

面接試験も試験である以上、周到な準備と練習が必要である

医学部受験生の中には、主要教科には多くの時間をかけるのに、面接試験のための準備や練習にはほとんど時間をかけない人がいます。それは、面接試験なんて適当に答えておけば大丈夫などと勘違いしているからです。そしてそのような人に限って失敗します。事前の周到な準備と練習なしに面接試験に挑むのは無謀です。

準備不足の例をいくつか見てみましょう。

あなたの長所は何ですか。

長所ですか…。（しばらく沈黙）…集中力があることだと思います。

面接官はどのように感じると思いますか。なるほど集中力があるのか、と思うでしょうか。面接官は心の中で「この程度の質問にも即答できないのか。全く準備せずにこの面接試験に臨んでいるのか。こいつはなめているな」と思っているでしょう。

長所や短所などはどこの大学の面接試験でも聞かれる基本的な質問であり、それすら答えるのに時間がかかるの

は明らかに準備不足です。こういう姿勢は面接官に対しても失礼なのです。

もう一つ例を挙げます。これはほとんどの大学でされる質問です。

あなたはどうして医師になりたいのですか。

父（母）が医師なので私も父（母）のような医師になりたいと思ったからです。

父親や母親が医師である場合、このように答える受験生は多いと思います。しかし、最近ではこういう回答だけでは不十分だということは常識です。もしかすると面接官に次のように冷たく返されてしまうかもしれません。

「ではお父さん（お母さん）が医師でなければあなたは医師になりたいとは思わなかったわけ。」
「私たちはあなたのお父さん（お母さん）にお会いしたことがないからねえ…。」
「ああ、あなたもそっち系なのね。」

こんな回答をしてしまうと準備不足だと判断されても文句は言えません。

「なぜ医師になりたいのか」という質問に対しては「個人的な事情」と「社会的な背景」という二つの要素を組み合わせて答えることをお勧めします。

「個人的な事情」とは、身内に医師がいる、自分が以前大きな病気にかかった（大けがをした）、医療に関する本を読んだ（映画やドラマを見た、漫画を読んだ）、親しい人が亡くなった（現在闘病中である）、などです。「社会的な背景」とは、地域間の医師の偏在、救急患者のいわゆるたらい回しの多発、自殺者の多さ、などです。これら二つをうまく組み合わせると、多くの人が納得してくれる医学部志望理由を答えることができます。次のような回答です。

〈回答例1〉
「内科の開業医である父が地域の患者さんに信頼されている姿を子どもの頃から見てきたため、医師という職業に憧れを持っていました。そして高校一年生の冬に、日本には医師の少ない地域やいない地域があるということをニュースで知り、私が医師になってそのような地域の患者さんを救うことで自分の夢を叶えたいと思い、医学部を志望しました。」

〈回答例2〉
「私は子どもの頃に『Dr.コトー診療所』という漫画を読み、医師になりたいと漠然と思うようになりました。そして高校一年生の夏休みに学校から参加した医療体験研修で、医師という職業の責任の重さとやりがいの大きさを知ることができました。そこで私も医師になろうと決めました。」

個人的な事情だけでなく、社会的な背景だけでもない志望理由を述べることで、面接官は納得してくれます。

次の質問もよくされるものです。

あなたの特技は何ですか。

サッカーです。

あなたが特技であるサッカーから学んだことは何ですか。

多くの受験生はここで沈黙してしまいます。沈黙せずに答えた場合は次のような質問が続きます。

では、そのあなたが学んだものを医師になった時にどう生かしていけると思いますか。

この**「特技は何か」→「特技から学んだものは何か」→「その学んだものを医師になった時にどう生かしていけると思うか」という流れは一連のものであって、面接試験を受ける前には必ず準備をしておかなければいけません。**このような一連の質問については第2章で詳しく説明しますので、ここではどのような質問について準備をしておけばいいのかについての概要を述べたいと思います。

現在各大学で行われている面接試験の多くは個人面接なので、ここでは個人面接のための準備について説明します。まず面接試験で聞かれる内容には**「基本的な質問項目」「特殊な質問項目」「その場で考えさせる質問項目」**の三種類があります。

【基本的な質問項目】

全ての受験生がされる可能性のあるもの

本学志望理由　医学部志望理由
高校生活（調査書の内容・部活動・委員会・ボランティア活動・一番の思い出　など）
趣味　特技　長所と短所　尊敬する人物　座右の銘　自己ＰＲ　など
理想の医師像　入学後の抱負　卒業後の展望　など

【特殊な質問項目】

全ての受験生がされるわけではないが、されると答えにくいもの

経歴
併願校

【その場で考えさせる質問項目】

正解がなく、その場で考えなければならないもの

「人の死に関わるのは怖いか」
「道徳とは何か」
「一枚の写真を見て答えなさい」　など

準備をしておかなければならないのは「基本的な質問項目」と「特殊な質問項目」です。特に「基本的な質問項目」に即答できなければ面接試験に臨む姿勢自体を疑われ、致命的な評価を受ける可能性があります。「特殊な質問項目」は受験生一人ではなかなか対策を立てにくいかもしれません。具体的にどのようなことが聞かれ、どう答えるべきなのかについては次の第2章で詳しく説明したいと思います。「その場で考えさせる質問項目」については、普段から新聞や本を読むとともに、しっかり小論文の勉強をしておけば大抵のものには答えられるはずです。

ここで読書について少し述べておきたいことがあります。

面接練習の際に「これまでに影響を受けた本を教えてください」と質問すると、「本はほとんど読んだことがなくて…。中学一年生の時に『ハリー・ポッター』を読んだきりです」のようなことを答える人が多いのに驚かされます。スマートフォンの普及によって読書をする機会が大きく減ったからなのかもしれません。最低でも三冊は「感銘を受けたり影響を受けたりした本とその内容」、さらに「その本を読んだ時の感想」や「そこから何を学んだか」を答えられるようにしておきましょう。

また、「読書をしなさい」と言うと、「私は読書が好きで、勉強の合間に結構読んでいます」と答える生徒がたまにいます。そして、そういう生徒に「どのような本を読んでいるのか」と聞くと、多くが「ミステリー小説です」と答えます。確かに、小説を読むと感受性が磨かれ、豊かな人間性を身に付けやすくはなりますが、医学部受験においては小説はあまり役に立ちません。好きな小説を読むことで受験勉強のストレスを少しでも解消したいという気持ちはわかりますが、せっかく時間を割いて読書をするのなら、もう少し知識や教養を身に付けることのできる本を読むべきです。

受験生にとって読書は勉強の一環だという意識を強く持って欲しいと思います。娯楽や趣味としての読書は大学入学後に好きなだけしてください。受験生時代は受験に少しでも有利だと思えることのみをするようにしましょう。そういう姿勢が受験生を合格へと近づけてくれるのです。

第2章 四つの面接パターン

第1章では、医学部受験の面接試験で最も大切なものは礼儀と謙虚さだと述べました。そして礼儀をわきまえ、謙虚さを示したうえで、面接官に好印象を持ってもらうためには、さらに周到な準備と練習が必要だと説明しました。この章では、どのような準備と練習をするべきなのかを**個人面接、グループ面接、グループ討論、MMI**の四つの面接パターンに分けて詳しく説明していきたいと思います。

第1節 個人面接 本音を語る場ではない

まずは個人面接です。医学部受験では最も多く、これをクリアせずに合格通知を手にすることはできません。

第1章第3節で、**医学部志望理由を聞かれた際には、「個人的な事情」と「社会的な背景」を組み合わせて答える方がいい**ということを説明しました。一例として挙げたのは次のような回答です。

「内科の開業医である父が地域の患者さんに信頼されている姿を子どもの頃から見てきたため、医師という職業に憧れを持っていました。そして高校一年生の冬に、日本には医師の少ない地域やいない地域があるということをニュースで知り、私が医師になってそのような地域の患者さんを救うことで自分の夢を叶えたいと思い、医学部を志望しました。」

「こんなふうに答えなさい」と言うと、「父が医師だからという理由だけで自分は医師になりたいと思ったので、このような後付けはよくないのではないか」とか、「面接試験では本当のことを正直に言うべきであって、こういう嘘をついてはいけないのではないか」と思うかもしれません。

面接では全て本当のことを言わなければならないのか

答えはＮＯです。これだけははっきり言っておきます。面接試験は受験生が本音を語る場ではありません。それは小論文でも同じです。

面接試験も小論文もともに合格のための手段に過ぎない

合格のためなら面接試験で嘘をついてもいいのです。経歴を偽らない限り何でもありなのです。仮に嘘をついても面接官に見破られなければ、そしてそれで合格通知を手に入れることができるのなら、それでいいのです。こんな過激なことを言うと、「嘘を推奨するなど教育者にあるまじき発言だ。けしからん」と思う人もきっといるでしょう。しかし、面接試験でつく嘘は人を傷つけたり、誰かを裏切ったりするものではありません。推奨しているわけでもありません。**面接試験を乗り切るためなら多少の嘘は許される**ということを言いたいのです。

次の具体例を見れば、「面接試験で嘘をついてもいい」ということの意味がわかると思います。

あなたは高校三年間で三十日以上も欠席しているね。これはどうしてなの。

なんとなく学校に行くのが面倒になったことが何度かあって、さぼってしまいました。

なるほど。さぼりか。高校生にもなって、なんとなく学校に行くのが面倒になったからといってさぼるようでは、あなたは大学に入っても同じことを繰り返すだろうね。

いえ、大学に入学したらそんなことでさぼったりはしません。

何を根拠にそんなことが言えるの。信用できないねえ。

この生徒は、なんとなく学校に行くのが面倒になってさぼりを繰り返していたことを正直に答えてしまいました。面接官の表情は穏やかでしたが、厳しい口調でこのように言われたのです。

その後いくつかの質問がされて終了になりました。結果的に不合格になったのは面接試験だけが原因ではないのかもしれませんが、面接官の印象は最悪だっただろうと思います。

このような場合は次のように答えればいいのです。

「私はサッカー部に入っていたのですが、練習中に足を骨折して一週間入院しました。退院後は県外の病院でリハビリを受けるために週に一回は学校を休まなくてはなりませんでした。このけが以外では二度ほど風邪を引いてしまったことがあり、全部で三十日くらい休んでしまいました。」

彼が部活動で足を骨折して一週間入院したというのは事実ですが、それは夏休み中のことでした。県外の病院でリハビリを受けたり風邪を引いたりしたことは一度もなく、その点においてもこの回答は嘘だらけです。でも、このように答えることは悪いことなのでしょうか。学校をさぼったという事実を正直に告げる必要などないとは思いませんか。

このような嘘をついても誰かを傷つけるわけでも誰かに迷惑をかけるわけでもないのです。過去に学校をさぼっていたということだけで面接試験で大きな不利を受けることを避けるためなら、罪のない嘘は許されるべきです。

確かに正直に答えるというのが理想ですが、理想だけで合格できるほど医学部受験は甘くないのです。

もっとも、ここで気をつけるべきことがあります。

受験生の答えを鵜呑みにするほど面接官は甘くない

欠席日数の多い受験生の中には、彼と同じように病気やけがを理由にする人が多いのでしょう。その理由が本当なのかどうかを確かめるために面接官は突っ込んだ質問を重ねてきます。

「足を骨折したの。足のどの部分かな。どんなふうに骨折したの。」

「手術内容を聞かせてもらえますか。リハビリってどのようなものでしたか。回復までにどのくらいの期間がかかりましたか。」

「今は大丈夫なの。手術痕は残っていますか。」

こういう質問がされることを想定してきちんと練習をする必要があります。たとえ嘘であっても、いや嘘だからこそ、特にしっかりとした準備と練習が必要なのです。

面接試験に限らず、一〇〇％の嘘はばれますが、八〇％の真実の中に二〇％の嘘を織り交ぜてもなかなかばれません。全ては準備と練習なのです。

なお医学部受験の面接試験では、一学年で十日以上の欠席がある場合は必ずと言っていいほどその理由を尋ねられます。うまく答えないと面接官にかなり悪い印象を与えるので、そうならないように十分な準備をしておきましょう。

たまに「どんな嘘をついてもいいのなら、五年前に祖父が亡くなったのをきっかけに医師を志すようになった、と答えても構わないか」と聞いてくる人がいます。本当に祖父が亡くなっており、それが五年前ではなく、もっと前あるいはもっと後のことなら嘘をついても構わないでしょう。しかし、亡くなっていないのに亡くなったことにするのは感心しません。他の志望理由を探しましょう。

ここからは、第1章の最後で触れた「基本的な質問項目」と「特殊な質問項目」について述べていきます。

【基本的な質問項目】

「基本的な質問項目」についてどのように事前に準備しておくべきなのかを、実際に面接試験で行われた質疑応答を参考に説明をしていきます。

まず、経歴や年齢にかかわらず準備しておくべき質問の一つ、「**本学志望理由**」です。

「あなたが本学を志望した理由を教えてください。」

これは全体の七〇%ほどの大学でされる質問です。一般的に出願の際に本学志望理由を書かせる大学ではあまり聞かれませんが、そういう大学でも念のためにしっかり準備しておきましょう。大学のパンフレットやホームページで大学の魅力を調べるという人が多いでしょうが、その大学の在学生に聞くというのが一番です。在学生だからこそわかることがたくさんあります。医学部受験専門の塾や予備校で面接練習を受ければ的確なアドバイスをしてもらえるはずなので、一次試験通過後はそういう所を利用するのもいいかもしれません。

次の質問は「**医学部志望理由**」です。

「あなたが医学部を受験した理由を教えてください。」

これについては既に説明しました。ほとんどの大学でされる質問なので、少しくらい突っ込まれても答えられるように十分に準備をしておくべきです。

次の質問は「**高校生活**」についての質問です。

まずは**成績**についてです。これは調査書の成績の評定が五段階評価で二点台や三点台前半の受験生にされる質問です。

調査書によるとあなたはとても成績が悪かったようだね。どうしてこんなに悪いの。

勉強するのが嫌になってさぼっていました。

たとえ事実であっても、このように答えるべきではありません。もし三年間部活を続けた人なら次のように答えましょう。

「部活に夢中になりすぎて勉強がおろそかになってしまいました。」

中高一貫の学校に通っていた人なら次のように答えるといいでしょう。

「中学の頃に勉強についていけなくなって、そのまま高校に進学したのでなかなか遅れを取り戻すことができませんでした。」

ほとんどの面接官は、次のように言って済ませてくれます。

「そうなんだ。高校時代はこんなに成績が悪かったのによくここまで頑張ってきたね。どんな勉強をしてきたの。」

実際に一次試験を通過してきたことで、学力が向上していることが明らかだからです。だから調査書に記載された成績が悪くても、それほど心配する必要はありません。

もっとも、厳しい面接官に当たると次のように言われてしまうことがまれにあります。

「将来は医師になろうと決めていたのに、部活動に夢中になって勉強をおろそかにするとは考え方が甘いんじゃないの。」

「中学での勉強の遅れを早い時期に取り返そうと努力しなかったの。甘いよね。」

このような時は運が悪かったと諦めて、面接官に謝っておきましょう。

次は**部活動**についての質問です。部活動については調査書に書いてありますが、わざわざ聞いてくるのが普通です。

高校ではどんな部活に入っていましたか。

野球部に入っていました。

ポジションはどこですか。

ショートです。

そのポジションの楽しさと難しさを教えてください。

この程度ならすぐに答えられるでしょう。しかし、小中高での運動経験を答えた後に、次のような質問がされることもあります。

「あなたは小学生の時はスイミング、中学では陸上部で短距離走、高校では柔道をやっていたんだね。全部個人競技だけど集団競技は苦手ですか。」

「小学生の時はスイミング、中学ではサッカー、高校ではバスケットボールをやっていたんだね。あなたは一つのことを長く続けられないタイプですか。」

もちろん集団競技が苦手であるとか、一つのことを長く続けられない、などと答えてはいけません。このような時には「いえ、そういうわけではありません。スイミングにはリレー競技が、柔道には団体戦があり、私はチームの仲間とコミュニケーションをとって練習をしてきましたので。」と答えるといいでしょう。

高校生活に関する質問は他にもよくされます。例えば高校時代の**思い出**についてです。

高校時代の一番の思い出は何ですか。

高校二年生の時の体育祭のクラス対抗リレーで優勝したことです。

部活動に熱心だった人はここでも部活動のことを言いたがる傾向にありますが、ここは部活動とはまた違ったことを答えるのがお勧めです。

高校を卒業してからかなりの時が経っている受験生の中には、高校時代のことはもう聞かれないだろうと思う人も多いようですが、年齢にかかわらず聞かれることが多いので、しっかり準備をしておく必要があります。

次は「**自分の長所**」についての質問です。

あなたの長所は何ですか。

私の長所は集中力があるところです。

この後に次のような一連の質問が続くので、このあたりまでは準備をしておきましょう。

「その長所はいつどこで身に付けたものですか。」

「その長所で得したことはありますか。」

「その長所を医師になってからどのように生かしていこうと思いますか。」

言うまでもなく、次のような回答はだめです。

「…長所は思いつきません。」

「長所はないと思います。」

長所や短所などの自分の特性すらわからない人に、患者の気持ちがわかるはずがありません。もし自分の長所がわからないと言うことで謙虚さを示そうとしているのなら、完全に逆効果です。

医学部受験の面接試験において、自分の特性がわからないと答えることは致命的です。自分のことがよくわかっているからこそ他人のことがよくわかるのです。

「**自分の短所**」についての質問は、長所についてよりも重要度が高いと言えます。なぜなら、自分の短所をきちんと理解したうえで、それを改めようとする姿勢の有無を面接官は聞きたいからです

短所についてのやり取りを見てください。

あなたの短所は何ですか。

私の短所は少し優柔不断なところです。

どんな時にそれを感じますか。

服を買いに行って、買う服をなかなか選べない時などです。

それは困りますね。その短所のせいで損をしたことはありますか。

一緒に行った友人や家族が怒って先に帰ってしまったことがあります。

あなたはその短所を克服するためにどんな努力をしてきましたか。

直感をできるだけ大切にすることを意識するようにしてきました。

それであなたの短所は改善されつつあると思いますか。

はい。少しずつですが改善できつつあると思います。

以上が短所に関する一般的な質問の流れです。短所は何か、から始まり、**克服法についてまで答えることができるように**準備をしておきましょう。

ちなみに長所については基本的にどんなことを言っても構いませんが、短所はそうではありません。

「気が短くてすぐに手が出てしまうところが私の短所です。」

「人の話をあまり聞かないところが短所です。」

「飽きっぽくて何をやってもあまり長続きしません。」

このような回答では、医師になるべきではない人物だと判断されるかもしれません。やはり**常識的に考えて許容されるもので、かつ克服可能なものを短所として挙げた方がいいでしょう。**

ところで、面接練習をしていると、聞かれもしないことをたくさん話したがる人がいます。

例えば「あなたはこれまでにボランティア活動に参加したことがありますか。」という質問に対して、次のように答える人です。

「はい、あります。中学一年から高校二年までの五年間で年に三回、学校の周辺の公園の清掃活動をしました。公園には砂場があるのですが、心ない人達がそこにガラス瓶を捨てたり、ペットに糞をさせたりしていたためにとても汚れていました。これでは子ども達が安心して遊べないので私達で砂場の砂を洗浄するということにしました。砂は意外に重く、翌日には全身筋肉痛になるほどの重労働でしたが、やり終えた時の充実感は本当に大きなものでした。清掃後に子ども達が笑顔で遊んでいるのを見た時には何とも言えない嬉しさがこみ上げてきました。あの時の喜びを今も忘れることができません。」

率直に言って、こんな話を聞かされるとうんざりします。学校や予備校で、そう話すように指導を受けたのかもしれませんが、聞かれもしないことをだらだらと話すのは感心しません。面接官は限られた時間の中で、受験生の考え方やコミュニケーション能力の有無をできるだけ探ろうとしているので、聞かれもしないことを話して無駄な時間をとるべきではありません。また、勝手に余計なことを話す空気の読めない人間であると思われる可能性もあります。

聞かれたことだけに答える姿勢を身に付けましょう。詳しく知りたければ面接官が重ねて聞いてきます。

もう一つ具体例を挙げましょう。ある受験生の調査書に「からしなで部に所属し、積極的に地域のボランティア活動に参加していた」との記載があり、それについて面接官が質問をした際のやり取りです。

このからしなで部とはどういうクラブですか。

ボランティア部です。

この答えだけで十分です。面接官は「この高校ではボランティア部をからしなで部と呼ぶのだな」と納得できたはずで、それ以上のことを聞きたいとは思いません。だから、次のように答えてしまうと印象は当然悪くなります。

「ボランティア部です。このからしなで部には部員が約二十人いるのですが、月に一回地域の駅や公園の清掃活動に参加したり、老人ホームでお年寄りの話し相手をさせていただいたりしています。また文化祭では日頃の活動を『からしなで部新聞』にまとめて様々な方々に知っていただくことにしています。夏に公園の清掃をするのは大変ですが、人の役に立ちたいと思っている部員ばかりなので、みんな率先してゴミを拾います。このような経験を通じて私は奉仕精神を身に付けたと思っています。このようにして身に付けた奉仕精神は私が医師になってからも…。」

余計なことを話しすぎると、面接官に「あなたね、聞かれたことだけを答えてくれればいいから」と注意されることがあるので注意しましょう。**聞かれたことだけをコンパクトに答えるということを忘れてはいけません。**

どこまで話せばいいのかよくわからない、という人もいるかもしれませんが、そういう人は「自分が面接官なら、どの程度まで相手に話して欲しいか」を考えてみてください。限られた時間の中で、聞かれてもいないことを相手が時間をかけて話していると、イラッとしたり、発言をさえぎったりしたくなるはずです。この「面接官は何を求めているのか」という視点はとても大切です。

なお、面接中に泣く人がたまにいます。緊張のあまり涙が出てきたり、感極まって涙が溢れてきたりするのです。例えば、両親がどれだけ自分を支えてきてくれたか、祖母が亡くなった時にどれだけ悲しかったか、を話す時に泣いてしまうのです。こみ上げてくるものがあるのはわかりますが、面接試験で泣くことは受験生にとってはマイナスでしかありません。

医師になろうとする者が自分の感情をコントロールできないのは問題ですし、受験生が泣くと面接試験はいったんそこでストップします。そんなことで余計な時間をとるべきではありません。

次は「**尊敬する人物**」についてです。この質問には「身内の方以外で」という条件がつくのがほとんどです。やはり「父」や「母」、「両親」、「兄」、「叔父」のように答える受験生が多いからでしょう。

この質問には「その人のどのようなところを尊敬していますか。」という質問が続きます。

あなたの尊敬する人物を教えてください。できれば身内の方以外でお願いします。

イチローさんです。

イチローさんのどういうところを尊敬していますか。

常に努力を怠らず、世界一の野球選手になったところです。

尊敬する人物については基本的に誰を挙げても構いませんが、**できれば有名人の方がいいでしょう。**例えば、高校時代の恩師を挙げると、その人がどのような人なのかを説明する必要があるので、それが面倒なら誰もが知っている人が望ましいです。一般的には杉原千畝《ちうね》さん、北野武氏、山中伸弥《しんや》先生、天野篤《あつし》先生などを挙げる人が多いようです。

また「尊敬する人を三人」や「尊敬する医師を二人」、「尊敬する過去と現在の医師を一人ずつ」という質問もあるので、事前にしっかり準備をしておきましょう。

尊敬している人物を敬称を付けずに呼び捨てにする人がたまにいますが、必ず敬称を付けましょう。

「感銘を受けた○○」についての質問もよくされます。○○に入るのは、映画やドラマ、本、言葉などです。

あなたがこれまでに感銘を受けた映画やドラマがあれば教えてください。

「コード・ブルー」というテレビドラマに感銘を受けました。

どのような内容のドラマなのか簡単に説明してもらえますか。

このように一時期はやった映画やドラマを答えるのが普通です。感銘を受けたものなので、内容は説明できるはずですが、あまり詳しく話すのもよくありません。簡単に説明できるように練習しておきましょう。

映画やドラマのタイトルを忘れてしまった場合は正直に言ってください。映画やドラマをあまり観ない人はそう答えても構いません。映画やドラマを観ないからといって印象が悪くなるわけではありません。

次は**「読書」**についてです。読書については第1章の最後で軽く触れましたが、映画やドラマとは異なり、「読書はしません」という答えはナンセンスです。

実際のやり取りを見てください。

あなたがこれまでに感銘を受けた本を教えてください。

読書はあまり好きではないので…。感銘を受けた本はありません。

医学部に入ったらたくさんの本を読まなきゃならないのに本嫌いでは困るでしょ。

大学に入ったら時間ができるので読もうと思います。

時間の問題ですか。読書が好きじゃないから本を読まなかったとさっき言ったけど。

い、いえ、時間がなくて読書しませんでした。

ではこれまでに感銘を受けた本を教えてください。

え～と、それは…。

読書をしない受験生を面接官は嫌います。人は読書によって感受性や想像力を磨き、知識や教養を身に付けることができます。様々な患者と関わることの多い**医師という職業を目指す以上、読書をしないなどということはあってはならないこと**です。

最近は次のような質問をする大学もあるので、普段から本を読むことを意識してください。

「あなたが感銘を受けた本を三冊挙げたうえで、その中で最も感銘を受けた本の内容を説明し、その本からどのように影響を受けたのかを教えてください。」

なお、面接試験の直前に、読んだこともない本のタイトルや内容を丸暗記しようとする人がいますが、やめた方がいいでしょう。質問を重ねられるとすぐにぼろが出てしまいます。

「基本的な質問項目」としては**「最近～」という質問**もよくされます。その中でも「最近気になるニュースは何ですか」が最も多い質問です。時には「最近気になる医療系のニュースは」や「最近気になる医療系と医療系以外のニュースを一つずつ」と聞かれることもあります。

最近気になるニュースは何ですか。

iPS細胞から作製した心筋細胞シートを患者さんに移植したというニュースです。

ああいうニュースを見て、あなたはどう思ったかな。

再生医療がどんどん進歩しているのは本当に素晴らしいことだと思いました。

このように答えられればいいのですが、ほとんどの人はあまりニュースを知らず、答えることができません。中には次のように答える人もいます。

最近気になる医療系のニュースは何ですか。

最近は受験勉強で忙しくてニュースを見る時間がないので、気になるニュースは特にありません。

こういう答えは、自分は非常識な人間だとアピールしているようなものです。今は、どんなに忙しくても新聞やテレビ、スマホのフラッシュニュースなどからいくらでも情報を手に入れることのできる時代です。どんなことでもいいので、**ここ一か月くらいの間のニュースを、一般と医療系の双方ともに準備しておく必要があります。**日本人がノーベル賞を受賞した翌年やオリンピックのある年などは、それらについて答えることができるようにしておいた方がいいでしょう。

なお、今はコロナ禍に関連するニュースを答える人が多いからなのか、「コロナ関連以外のニュース」を聞かれることがあるので注意しましょう。

「最近〜」という質問については、「最近腹が立ったこと」や「最近嬉しかったこと」、「最近悲しかったこと」、「最近心配なこと」など様々なものがあるので、一通り準備をしておいてください。

ここまで「基本的な質問項目」について、どのような質問がされ、それに対してどう答えるべきなのか、あるいは答えてはいけないのかを説明してきました。これまでの経験や事情は受験生によって様々なので、正解と呼べる回答は人によって異なります。**自分なりの答えを本番までにしっかり準備しておきましょう。**

もっとも、「基本的な質問項目」への対策は比較的簡単です。面接官の評価が大きく変わりやすいのが次の「特殊な質問項目」です。

［特殊な質問項目①］

受験生にもよりますが、時に合格への大きな壁となるのが「特殊な質問項目」です。これへの回答内容が合否に影響することがよくあります。

「特殊な質問項目」は対策が立てにくいうえに、学校や塾、予備校の先生でも的外れな指導をすることが多く、そのためにせっかくの合格のチャンスを逃してしまうことも多いのです。デリケートな質問も多く、受験生はどこまで本当のことを答えていいのか迷うこともあるでしょう。しかし、このような質問であっても事前の準備と練習次第で乗り切ることができます。

実際の面接試験でされた質問と回答を具体的に示しながら、説明をしていきます。

次は一部の大学でよくされる質問ですが、この質問のどこが特殊なのかと思うでしょう。しかし、この後で思いもよらない展開が待っているのです。ではこのやり取りを見てください。

家族構成を教えてください。ご職業と年齢も。

はい。まず父です。五十三歳で、内科の開業医をしています。それから母です。四十八歳で専業主婦です。それから兄がいます。二十五歳で会社員です。妹は十七歳で高校生です。

あなたが医師になると言った時、ご両親の反応はどうでしたか。

とても喜んでくれました。自分のやりたいことをやるのなら応援すると言ってくれました。

二つ目の質問の意図がよくわからないまま、受験生は答えました。この答えには面接官は反応せず、また別のことを聞いてきました。

あなたは将来何科の医師になりたいと思っているのかな。

今は内科に進みたいと思っています。

すると面接官は次の質問をしてきました。この質問以降のやり取りを最後まで見てください。

大学を卒業してからのことをお伺いしたいのですが、卒業後はご自分の出身地に戻るつもりですか。

いえ、（その大学のある地域に）残りたいと思っています。

本当ですか。あなたの地元に戻らないのかな。

はい。

でも、あなたのお父さんは開業医で、あなたはお父さんの医院の跡継ぎですよね。

いえ、私は父の医院を継ぐつもりはありませんし、父もそう思っているはずです。

でも、あなたが医師になりたいと言った時にご両親は喜んでおられたのでしょう。それは跡継ぎができると思ったからじゃないのかな。違いますか。

いや…。よくわかりません。

それにあなたは将来内科に進みたいと言ったけど、お父さんは内科の開業医ですよね。つまりあなた自身も跡を継ぎたいと思っているんじゃないの。

いえ、そういうわけではなく、父から内科のことを聞いて育ったので、単に内科に興味があるだけです。

まあいいや。ここに残るとして何年くらい働けそうですか。

何年ですか…。だいたい十年間ほどかなと思います。

十年ね。なぜ十年なの。

い、いや、なんとなくです。

わかりました。

この質疑応答は実際の面接試験で行われたものです。

面接官が最も聞きたかったのは、

卒業後はこの地に残って働くつもりがあるのか

ということです。それまでの質問は全てこのことを確認するための伏線だったことがわかるでしょう。まだ面接試験を経験したことのない受験生にとっては信じられないかもしれませんが、

大学卒業後はどこで働くのか

という質問こそが「特殊な質問項目」なのです。

大学によっては「ここに残らない受験生は可能な限り補欠合格させない」「残る意思のない受験生の面接点を低く抑える」という方針をとっています。もちろんそのことを大学側が公表するわけにはいきませんが、このような大学があるというのは医学部受験業界においては周知の事実だと言っても過言ではありません。

ぜひ大学が発表している入試情報をよく見てください。明らかに地元の受験生を優遇している大学がいくつもあるでしょう。県内の受験生は全体の三割なのに、合格者数では五割前後になるという大学です。一般的に地方の大学は地元の受験生を優遇する傾向が強いと思ってください。

もちろん、このような方針の大学を批判するつもりはありません。なぜなら、時間をかけて一人の医師を育て上げたのに、医師になった途端、その人の地元に戻られるのは大学にとっては残念だろうと思うからです。特に都市部以外の地方では医師が不足している地域が多くあるため、できるなら卒業後はその地域の医療に貢献して欲しいと願うのは当然です。

地元の受験生を優遇するのは不公平だという声も当然あるでしょうが、**現実はこうだということを十分に理解し**

たうえで受験校を決めるべきです。**不利を承知で受験するのなら、しっかり準備と練習を重ねる**必要があります。

では、地方の医学部の面接試験で不利を受けにくくするための準備や対策を考えていきましょう。先ほどの質疑応答を例に、どのような回答をすればいいのかを見てください。

家族構成を教えてください。ご職業と年齢も。

はい。まず父です。五十三歳で、内科の開業医をしています。それから母です。四十八歳で専業主婦です。それから兄がいます。二十五歳で会社員です。妹は十七歳で高校生です。

あなたが医師になると言った時、ご両親の反応はどうでしたか。

自分のやりたいことをやるのなら応援すると言ってくれました。

あなたは将来何科の医師になりたいと思っているのかな。

まだはっきりとはわかりませんが。今は整形外科医になりたいと思っています。

それはどうして。

中学、高校と野球部に入っていたのですが、何人ものチームメイトがけがで野球をやめざるを得なかったので、整形外科医になってけがをしにくい体作りや効果的な治療法などを学びたいと思ったからです。

そうですか。大学を卒業してからのことをお伺いしたいのですが、卒業後はご自分の出身地に戻るつもりですか。

いえ、（その大学のある地域に）残りたいと思っています。

本当ですか。あなたの地元に戻らないのかな。

はい。そのつもりはありません。

でも、あなたのお父さんは開業医で、あなたはお父さんの医院の跡継ぎですよね。

父は自分のやりたいことをやるようにと言ってくれていますし、今は整形外科医になりたいと考えていますので、父の医院を継ぐということはないと思います。

でも、あなたのお父さんの医院にもたくさんの患者さんがおられて、その医院を頼りにしておられるはずだよね。それなら誰かが継がなければならないんじゃないかな。

確かにそうなのかもしれませんが、妹も医師になりたいと言っていますので妹が継ぐことになるかもしれません。

なるほど、妹さんがね。ここに残るとして何年くらい働けそうですか。

できればずっとここでお世話になりたいと考えていますが、もし私が父の医院を継ぐことになるとしても、少なくとも十五年間は働きたいと思います。

どうして十五年なの。

私が医学部を卒業する時に父はまだ五十九歳です。父はそれから少なくとも十五年間は医師として働くでしょうから、父が医師を引退するまではここでお世話になりたいと思うからです。

本当に残るつもりはありますか。

はい。どうぞよろしくお願いいたします。

このように地元にすぐには帰らないと答えることができれば、この質問に対する回答としては及第点です。

もちろんこれらは全ての受験生にとって適切な回答であるというわけではありません。**住んでいる地域、出身校、年齢、性別、家族構成、家族の職業、家族の年齢、大学の所在地、受験生のタイプ（性格や経歴、印象等）を総合的に考慮して、どのような回答を準備して練習を重ねておくべきなのかを、一人ひとりについて考えなければいけません。**

決して簡単なことではありませんが、自分をより客観的に見てくれる人と相談するなどして、しっかり対策を立ててください。

【特殊な質問項目 ②】

「特殊な質問項目①」は全ての受験生に聞かれる可能性のあるものでした。次に説明したい「特殊な質問項目②」は経歴や欠席日数に関するものですが、必ずしも全ての受験生に当てはまるものではありません。全日制の普通科の高校を卒業し、男性なら三浪以下、女性なら二浪以下で、欠席日数がそう多くない人は読み流してもいい内容になっています。

逆に、以下の四つのどれかに該当する人はよく読んでください。この人達の中には面接試験で「基本的な質問項目」をほとんど聞かれず、この「特殊な質問項目②」だけを聞かれる人がいます。それだけ厳しい質問がされる可能性が高いということです。

「特殊な質問項目②」をしっかり読んで欲しいのは以下の受験生です。

> 高校卒業程度認定試験（高卒認定試験）合格者
> 通信制高校卒業者
> 再受験者（大学を卒業、中退、休学）
> 多浪生（男性四浪以上、女性三浪以上の受験生）

このうちのどれかに該当する受験生に面接練習をする時には特に気合が入ります。標準的な受験生と異なり、彼らが面接試験で厳しい質問をぶつけられることは明らかなので、それに耐え得るように、本番でされる以上の鋭い質問をしなければなりません。二次試験直前の面接練習で彼らが返答に窮しているのを見るとかわいそうに思うこともありますが、合格のためだと心を鬼にして、鋭い質問にどう答えるのかをきちんと指導して本番に送り出します。

無事に本番を終えて帰って来た彼らの顔は明るく、「厳しい質問もいっぱいされましたけど、練習の時ほどではありませんでした。うまく答えることができたと思います」と言ってくれます。

どんなに特殊な事情があろうと、十分な準備をしておけば本番を恐れることはありません。

では、これらの特殊な事情を抱える受験生が本番で何を聞かれ、どのように答えていくべきなのかを順に説明していきましょう。

高卒認定試験合格者

何らかの理由で高校を卒業していない受験生には、**まず一番初めに「なぜ高卒認定試験なのですか」という質問がされます。**この質問よりも前に何かを聞かれることはないと思ってください。

受験生によっては、このことに関する質疑応答だけで面接試験終了ということもあります。それだけ面接官にとっては気になることなのでしょう。

高校を卒業しなかった理由は人によって様々です。成績不振で留年が決定したので高校を辞めて高卒認定試験を受けた、高校でひどいいじめにあって中退を余儀なくされた、勉強が嫌で高校に行かなかった、人間関係がうまくいかずなんとなく学校に行かなくなってしまった、などという理由が多いです。

面接官が高校を卒業しなかった受験生にあれこれと聞いてくるのは、次のことを危惧するからです。

大学入学後もそれまでと同じように休んだり辞めたりするのではないか

どんなに頭がよく学力が高くても、勤勉さに欠けたり、協調性がなかったりすると六年間大学に通うことは難しいと考えるからです。その点を確かめるために、例えば次のようなやり取りがされます。

なぜ高卒認定試験なのですか。もともと高校には行かなかったのかな。

いえ、高校には行っていましたが、高校二年の終わりに退学しました。

なぜ辞めたのですか。

でも自分で勉強するのも大変だったでしょ。

なるほどね。ではなぜ勉強についていけなかったのだと思いますか。

なぜ真面目に勉強しなかったの。

高校生になったら普通は自分の将来のことを考えるよね。それなのに、ずっとゲームをして勉強をおろそかにするのはだめだね。

勉強についていけず留年が確定してしまったので、それなら自分で勉強をした方がいいだろうと思ったからです。

それからの一年間は家庭教師の先生に来てもらったり、塾や予備校の個別指導を受けたりしていました。

真面目に勉強しなかったからだと思います。

ずっとゲームで遊んでいたからです。

この受験生は実際にこのように注意をされたそうです。しかし彼はその後で次のように答えました。

「はい。本当に無駄な時間を過ごしたと今は思っています。自分の心の弱さのせいで家族にも迷惑をかけ心配をさせてしまいました。でもこんな私だからこそ、心の弱い人の気持ちがわかります。家族の不安も理解できます。自分の経験を生かして一人でも多くの患者さんとそのご家族に寄り添える医師になりたいと思います。」

その時、面接官はじっと彼を見つめていたそうです。彼はその大学に合格を果たしました。受験生活の中で自分を見つめ直し、いろいろなことを考えたからこそ、このような立派な回答ができたのだと思います。この回答は準備したものでしたが、誰がしても面接官に好印象を与えるとは限りません。**受験生の持つ雰囲気や話し方、態度など全てのものがぴったり当てはまらなければいけない**のです。彼はとても謙虚で礼儀正しい青年でした。だからこそ高卒認定試験合格者であっても合格できたのだと思います。

同じく成績不振で高校を辞めた女子生徒がいました。複数の大学で一次試験を通過し、面接試験を何度か経験していましたが、中退した理由を正直に言うのではなく嘘をついていました。なぜなら、成績不振を理由にすると面接官の印象が悪くなるだろうと両親や予備校の先生が判断したからです。

なぜ高卒認定試験なのですか。高校は辞めてしまったのかな。

はい。高校は三年生の秋に自主退学をしました。

それはどうして。

あまり言いたくないことなのですが、私は高校でひどいいじめを受けていたからです。

いじめですか。それは大変でしたね。どんないじめだったのですか。差し支えなければ聞かせてもらえますか。

クラスの友人に無視されていました。

いつから。

…高校三年生になってからです。

それはどうして。

クラスの中で影響力のある子と喧嘩をしたからです。

喧嘩ですか。それからクラスの人達があなたを無視し始めたのですか。

はい、そうです。

クラス以外で親しい友人はいなかったのですか。

…はい、そんなにいませんでした。

部活動はしていましたか。

チア部に入っていました。

チアリーディング部ですか。ふ〜ん、なるほど。いじめのことについてご両親や先生には相談しなかったのですか。

しました。でも根本的な解決には至らず、高校を辞めることにしました。

先生は具体的にどんなことをしてくれたの。

…クラスの人に、そういういじめはよくないと話をしてくれました。

それだけですか。そんなのじゃいじめはなくならないですよね。

はい。

面接試験をクリアできないのは当然だと思いました。面接官はやり取りの途中で、「この人は嘘をついている」と感じたはずです。

なぜなら、彼女は常に自信満々で眼に力があり、話し方にも強さがありました。この人ならきっとどんないじめにも打ち勝てるだろうと思わせる生徒でした。チア部に所属していたことは事実で、友人も非常に多く、クラス以外にあまり友人がいないというのも、いかにも嘘っぽく聞こえました。

いじめがあると、多くの学校ではきちんと対応をしてくれます。この生徒が話した程度の対応であるはずがないと面接官は思ったはずです。面接官は受験生の話を鵜呑みにはせず、「どんないじめでいつから始まったか」や「いじめを受け始めた原因は何か」、「親や先生には相談したか。彼らはどういう対応をとってくれたか」などを一つひとつ詳しく聞いてきます。さらには「あなたがその経験から何を学び、医師になった時にそれをどのように生かしていきたいと思っているか」という質問への答えまで求められることがあります。

どれも事前の準備が必要ですが、その場合に決して忘れてはならないのは次のことです。

受験生によって通用する答えとそうではないものがある

面接官の目にどのように映るのかを客観的に考えることができなければ、事前の準備も意味をなしません。先ほどの女子生徒は、成績不振を高校中退の理由にして何度も練習を重ねた結果、翌年にはいくつもの大学に合格することができました。

このように高卒認定試験合格者は、高校を卒業しなかった、あるいはそもそも入学しなかった理由を聞かれた時のために、本当らしく聞こえる理由をしっかり準備しておく必要があります。その場合は家族以外の第三者に判断してもらうことをお勧めします。できれば医学部受験専門の所で見てもらってください。

通信制高校卒業者

通信制高校には様々な種類があります。出席日数について言えば、年間に十日間ほどで済む高校もあれば、週に五日間の出席が必要な所もあります。勉強内容についても、中学の復習だけをする高校から、全日制の高校のカリキュラムの大部分を学ぶ所まであるようです。

少し余談になりますが、通信制高校の調査書には、「ほとんど全ての生徒がオール5」という特徴があります。もちろん面接官はこの「オール5」を全く信用しません。ちなみに全日制の高校の中にも「全生徒がオール5」という所があります。調査書の内容で生徒が不利を受けないようにという配慮によるものだとは思いますが、そういうことをすれば高校の信用が大きく損なわれるということに気付かなければいけません。

それに真面目に学校の勉強をしてきた生徒達にも失礼です。先に述べたように、高校の成績が悪いことは医学部受験においてはあまりマイナスにならない、ということを高校側も知っておくべきです。

本論に戻りましょう。通信制高校卒業者についてはこのような質問がされます。回答に注意してください。

あなたはどうして通信制高校卒業なのですか。理由を聞かせてください。

高二の夏まで普通の高校に通っていたのですが、人間関係がうまくいかなかったので通信制高校に転校しました。

次のような答えも考えられます。

「勉強が嫌いだったのですが、最低限の勉強だけはしようと通信制高校にしました。」

「もともと美容師になりたくて、中学を卒業後に美容師の専門学校に入学したのですが、半年後に自分のなりたいのは美容師ではなかったと気付き、通信制の高校に行くことにしました。」

通信制高校卒業者であるということだけで不利なので、できるだけ面接官の印象をよくしたいと自分なりに考えるのですが、多くの場合は逆効果です。こんなことを普通に言う人がたまにいます。

「私は子どもの頃から誰にも頼らず自分のことは自分でやるようにしてきました。中学を卒業する時に自分が将来何になりたいのかを考え、医師になって多くの人の命を守りたいと思いました。ところが私の地元の高校のレベルは低く、そういう高校に入学しても医師にはなれないだろうと思ったので、通信制高校に進学し自分で勉強しようと思ったからです。」

自分の印象を少しでもよくしたい、通信制高校に進学したことを正当化したいという気持ちもわからなくはないのですが、こんなことを言って面接官が信じてくれると考えること自体が一般の感覚から随分ずれています。たとえ本当にこんなことを考えていたとしても、面接試験で話すのは絶対にやめた方がいいでしょう。

残念ながら、通信制高校を卒業したというだけで面接官の印象は既に悪いのです。変に自分を飾ったりせず、基本的には正直に理由を言う方がいいと思います。もちろん高校を中退した人の場合は、理由について少し嘘をつくのは構いませんが、明らかに嘘だとわかるようなものは避けるべきです。ただでさえ悪い印象がさらにひどいものになってしまいますから。

なお、通信制ではなくても中等教育学校やインターナショナルスクールの卒業生の場合も、経歴についてやや詳しく聞かれますが、面接官の印象が悪いわけではないので正直に理由を答えれば大丈夫です。

再受験者（大学を卒業、中退、休学）

再受験者は多浪生とは違います。例えば同じ二十二歳でも、大学を卒業した人、休学中の人、中退した人、多浪生などいくつものパターンがあります。大学卒業、休学、中退の三つのパターンの中でなら、卒業した人が一番好印象を持たれるようです。一つの学問をある程度までは修めたというのはやはり評価されるようです。

もっとも二十二歳未満の場合、卒業は基本的にできませんから、休学もしくは中退ということになります。この休学と中退とならどちらが好印象かは決めにくいと思います。

例えば、休学中の場合は面接試験でこのように質問されます。やり取りを見てください。

あなたは現在大学を休学中なのですか。

はい。三年生の春から休学をしています。

薬学部に進学したのになぜ医学部を受験しようと思ったのですか。

やはり薬剤師は医師の指示通りにしか動けないので、自分で患者さんを治療できる存在になりたいと思ったからです。

でも、そんなことは薬学部に進学する前にわかっていたことですよね。

はい。そうなのですが、医師になりたくて何年も浪人をするうちに精神的に疲れてきて、薬学部でもいいかと思って薬学部に入学しました。薬学部で二年間勉強している間に、やはり医師になりたいという思いが強くなってきました。

ということは、あなたは医師になりたかったわけですか。

はい。やっぱり諦めきれなくて医学部を受験することにしました。

今度はどうしても医師になろうと思っているのかな。

はい。薬学部に行って後悔をしたので、今回は絶対に夢を叶えようと思っています。

絶対に夢を叶えようと思っているのなら、休学ではなく退学でもいいと思うのですが。退路を断つ方が必死になれると思いませんか。もし医学部入試がうまくいかなければ薬学部に戻るつもりなのかな。

い、いえ…。戻るつもりはありません。…両親が一応籍を置いておいた方がいいと言いますので…。

なるほど。じゃあご両親は医学部がだめなら薬学部に戻って欲しいんだね。わかりました。

一方、中退した人にはこんなふうに質問されます。やり取りを見てください。

あなたは大学を中退しているのですね。これはどうして。

薬学部に入学をしたのですが、どうしても医師になりたいと思い三年生の春に退学をしました。

どうして薬学部に進学したのですか。

最初は医学部に行きたかったのですが、何年も浪人をするうちに精神的に疲れてきて、薬学部でもいいかと思って薬学部に入学しました。

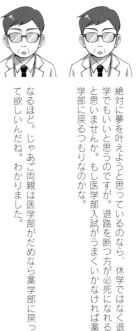

せっかく二年間通ったのに辞めてしまうのは惜しいとは思わなかったの。

でも医学部に合格できなかった時はどうするの。何年も浪人して合格できなかったのに、二年間のブランクがあるあなたが医学部に合格するのは常識的に考えれば難しくはないのかな。

まあみんなそう思っているけどね。ちょっと無謀な感じが私にはするなあ。

休学という形で籍を置いておくという選択肢もあったのですが、薬剤師にはなりたくないと思ったので辞めることにしました。

…でも頑張ればきっと合格できると思っています。

休学中の人、中退した人ともに突っ込まれる可能性が十分にあるということがわかったでしょうか。

経験上、休学中の人は「何年かかっても医学部合格のために頑張る」ということは言わない方がいいと思います。むしろ**「この一年間で決めることができなければ復学する」ということをしっかり伝えた方がいいでしょう。**その方が「この受験生は背水の陣で戦っている」と面接官に思ってもらいやすいです。「何年かかっても頑張る」というのは、一見するとそれだけ執念があるように見えますが、この一年に懸けるという感じはあまりしません。

実は、何年間か浪人生活を送った後で他学部に進学し、その後に再受験をする人は意外なくらい医学部に合格します。

医学部進学を断念せざるを得なかった程度の学力レベルであったこと、数年間のブランクで受験に必要な学力やテクニックが低下していることを考慮すれば、その人が医学部に合格するのは常識的に考えれば不可能な感じがしますが、実際はそうではないのです。

そういう人達の一人に、「以前は一次試験に一つも合格できなかったのに、他学部に進学して何がいったい変わったのか」と聞くと、彼は笑顔でこう話してくれました。

「執念ですね。一度は諦めた夢だけに、今後こそ夢を絶対に叶えるのだという思いが本当に強くなりました。他学部に進学したことで、いったん受験勉強から解放されたことも大きいです。気分転換になったし、受験勉強をさせてもらえることの有難さも実感できました。再受験のこの一年間は苦しくも楽しく充実した一年間でした」

この言葉は、再受験で迷っている人の背中を押してくれるかもしれません。

休学中や中退した人達が面接試験でどのようなことを質問されるのかについて、もう少し詳しく述べたいと思います。

メインの質問はやはり次のことです。

なぜ他学部に進学したのか

これが明確になって、次に「なぜ休学している（中退した）のか」という質問に至るわけです。

「なぜ他学部に進学したのか」という質問に対して、先ほど示した「最初は医学部に行きたかったのですが、何年も浪人をするうちに精神的に疲れてきて、薬学部でもいいかと思って薬学部に入学しました。」と答えても、面接官はなかなか満足してくれません。

「薬学部でもいいかって。薬剤師は医師と同じように人の命を扱う仕事なのに、そんな安易な気持ちで薬学部に行っていいの」と突っ込まれます。もっとも薬学部や歯学部以外の学部ならこういう突っ込みはありません。もし理学部や工学部に進学したのなら、その理由を正直に話せばいいのです。

薬学部や歯学部の場合は、次のように答えておけば面接官を納得させることができるはずです。

「私が医師を志したのは、患者さんの生命と健康を守ることで地域の医療に貢献したいと思ったからですが、もし医学部に合格するだけの学力がつかなければ、薬剤師（歯科医師）になって地域の医療に貢献しようと思いました。」

「医学部受験は本当に厳しいということは聞いて知っていましたので、二浪までは精一杯頑張り、もしだめなら他の医療職に就いて患者さんの健康を守ろうと決めていました。」

では、次に大学を卒業した人に対する質問を説明しましょう。この人達は、①就職をして社会人を経験している、②大学を卒業すると同時に医学部受験の勉強を始めた、もしくはいわゆる仮面浪人のように大学在学中から受験勉強をしている、の二つのパターンに分けられます。

まず①の「社会人を経験している人」に対しては、このような質問がされるのが一般的です。

「高校卒業後の経歴を教えてください。」

これはどこの大学でも聞かれるので必ず準備が必要です。何年の何月にどこの大学の何学部を卒業し、何という企業に就職し、どのくらい働いていたのか、どんな仕事をしていたのか、などです。

もし働いていた期間が短かったり転職を繰り返したりしていると、「あなたは一つのことを長く続けられないタイプの人なのですか」と聞かれることがあります。

その場合は、自分がなぜ仕事を辞めてまで医学部を受験しているのかを、きちんとわかりやすく伝えなければいけません。例えば次のように答えます。

「私は医療機器メーカーに勤めていたのですが、医療機器も結局は使いこなす医師の技量によって役に立つか否かが決まります。そこで私が医師になって、そのような機器をうまく使いこなし、患者さんの生命と健康を守りたいと思うようになりました。」

しかし面接官がこれで満足してくれるとは限らず、さらに「何かやりたいこと、なりたいものがあってその仕事に就いたのに、そんなにすぐに辞めてしまっていいのですか」と突っ込まれることもあります。

そんなことまで言われるのかと心配になる受験生がいるかもしれませんが、しっかり練習さえ積んでおけば恐れることはありません。

自分がなぜ医師になりたいのか

人それぞれに事情はありますが、これさえきちんと伝えることができればいいのです。これは再受験者だけでなく全ての医学部受験生に当てはまることです。

②の「大学を卒業すると同時に医学部受験の勉強を始めた、もしくはいわゆる仮面浪人のように大学在学中から受験勉強をしている人」に対しては、次のような質問がされることが多いです。やり取りを見てください。

就職活動はしましたか。

はい。しました。

どこの入社試験を受けましたか。内定はもらいましたか。

○○（企業名）から内定をいただきました。

その会社に入りたかったのはなぜですか。何かしたいことがあったのでしょ。

…。

入社試験まで受けて内定ももらったのに就職しないとは…。もしかして社会に出るのが怖いとかの理由ではありませんよね。

このように突っ込まれることもあるようです。また入社試験を受けていない場合も同じように、「社会に出るのが嫌だとかいうことはあるの」ということを聞いてきます。

もちろん、社会に出るのが嫌だから再受験するような人はあまりいないので、この質問に対しては否定するのが普通ですが、受験生にとっては随分失礼なことも聞いてきますので、覚悟が必要です。

このような質問にも丁寧に答えつつ、**自分がなぜ医師になりたいのかをきちんと伝えることを意識しましょう。**

多浪生（男性四浪以上、女性三浪以上）

次は多浪生（男性四浪以上、女性三浪以上の受験生）の場合です。

医学部受験において浪人は普通です。他学部では少ない二浪生でも医学部受験ではまだまだ若手だと言えるでしょう。そのため男性は三浪、女性は二浪までは年齢のことはほとんど聞いてきません。男性と女性で少し扱いが違うのは、やはり女性の場合は妊娠や出産があるので、少しでも早く大学を卒業するのが望ましいという考えがあるからです。

ところで、入試不正の発覚によって年齢や性別を理由とする差別はほとんどなくなりました。多浪生だからという理由で不利に扱われる時代はもう終わったと言っていいと思います。ただ、これは「多浪生であるという事実」が不利な扱いを受けないということに過ぎず、「多浪生である理由」については深く追及されますし、その回答次第では不合格になるということが十分にあります。

浪人生活が長い人にはそれなりの理由があります。例えば不真面目である、能力が低い、実力以上の大学を狙いすぎる、とかです。面接官は質問を通じて、その受験生が入学後にきちんと進級し、卒業後は医師国家試験に合格できるのかを見極めようとします。

多浪生への質問で最も多いのは「なぜこんなに浪人をすることになったのか」です。

これは多浪生にとってはつらい質問です。受験生にしてみれば、「その理由がわからないから浪人をしているのだ」と言いたくなるかもしれませんが、ここはぐっとこらえて冷静に答える必要があります。

次のやり取りを見てください。

なぜこんなに浪人することになったと思いますか。

現役時代と一浪の時は勉強のやり方がわからず、二浪の時にやっと自分に合った勉強方法を見つけることができました。ただそれでもなかなか定着しなかったので、それから学力が上がるまでにさらに二年間かかりました。

多浪の理由は確かにそうなのかもしれませんが、面接官の求めている答えはこういうことではありません。面接官の求めている答えはこうです。

「率直に言って努力が足りませんでした。自分に甘く、とことんまで自分自身を追い込むことができませんでした。」

面接官は受験生にまず自分の努力不足を認めて欲しいのです。多浪生の中には自分の努力不足を棚に上げて、周りの環境、例えば家族や予備校、塾などのせいにする人がいます。そういう人は医師になって何か失敗をした時でも他人のせいにすると面接官は思うでしょう。**まずは自分を見つめ直し、そこから物事を進めていくという姿勢がなければいけません。**

もちろん先に言ったように、面接試験は本音を語る場ではないので、内心では自分以外の誰かのせいだと思っていても構いません。本番で面接官にそれを見抜かれなければいいのです。

多浪生への質問には次のような厳しいものもあります。

「あなたは失敗から学べないタイプの人間ですか。」
「もし今年もだめなら、来年も医学部を受験しますか。」
「多浪生は入学後もよく留年するし、国家試験の合格率が低いんだけど、あなたは大丈夫ですか。」

これらはどれも答えにくいものですが、きちんと丁寧に謙虚に答えていけば恐れることはありません。

第2節　グループ面接　目立てば負け

第1節では、個人面接についてかなり詳しく説明をしました。この節ではグループ面接について説明します。

グループ面接とは四人前後の受験生に同時に質問していく形式の面接試験です。同じグループ形式でも、一つのテーマについて議論をするグループ討論とは異なります。一般的に言って、全ての面接形式の中でこのグループ面接が最も簡単です。

なぜなら、その場にいる受験生全員に同じ質問がされるので、**回答までに時間の猶予があることが多く、回答できないということがあまりない**からです。もちろん端に座っている受験生は一番先に答えなければいけないので、少し不利に思えるかもしれませんが、面接官はそのあたりもきちんと考慮してくれます。逆に最後に答える人が回答できないと印象が悪くなるのは当然です。

例えば、グループ面接ではこのようなことが聞かれます。さすがにこれならすぐに答えられるでしょう。

「高校生活の一番の思い出を聞かせてください。」
「これまでの成功体験を一つ教えてください。」
「趣味は何ですか。」
「座右の銘を教えてください。」

これらの普通の質問以外では、その場で考えなければいけないものもあります。

「医師は高収入だと思いますか。」
「授業に出席しない友人にノートを貸しますか。」
「周りの人に悪口を言われているのを知った時、どうしますか。」

なお、個人面接とは異なり、**グループ面接では個人的なことについてはあまり踏み込んだ質問をしません。**例えば次のようなものです。これらは人前では話しづらいからです。

「今年だめなら来年も医学部を受験しますか。」
「なぜそんなに長く浪人しているのですか。」
「親しい人の中に精神疾患の方はおられますか。」

ここで準備しておくべきは**個人面接における「基本的な質問項目」**です。

では「医師は高収入だと思いますか。」という質問を例に、実際の面接試験でどのようなやり取りがされたのかを見ていきましょう。受験生をA、B、C、D、Eの五人とします。

「医師は高収入だと思いますか。順に答えてください。」

A「はい。高収入だと思います。でも患者さんの命を預かる仕事なので、高すぎるとまでは思いません。」

B「私も高収入だと思います。確かに命を預かる仕事ですが、それでも高すぎると思います。」

C「開業医の収入が実際にどのくらいなのかはわからないのですが、普通の仕事の何倍もの収入を得ているのなら高すぎると思います。命を扱う仕事は他にもあるので。」

D「私も高収入だと思いますが、開業医は自分の責任で医院を経営していかなければならないので、そのくらいの収入があってもいいのかなと思います。」

E「私は高収入だとは思いません。普通の仕事に就いている人とは努力の量が違うので、そういう人達の何倍かの収入を得ても当然だと思います。」

この五人のうちで最も印象が悪いのはEです。なぜなら、Eは「努力をした者が高収入を得るのは当然だ」と考えていることが、この回答から窺えるからです。

しかし、医師よりももっと努力をしている人はたくさんいます。そういう人達がみな高収入を得ているわけではありません。また高収入か否かはあくまで客観的に判断できるので、開業医の平均収入を見る限り、高収入であることを否定することはできないと思います。

Eはそれまでの四人が同じような回答をしたのを見て、他とは違うことを言おうとしたのでしょう。でもこれが失敗でした。グループ面接では目立ってはだめなのです。自分が本当に思っていることがたまたま他の人と違っていたというのなら仕方がないのですが、あえて違ったことを言おうとするべきではありません。

そもそも**グループ面接で面接官が何を見ているのかと言えば、人並みのコミュニケーション能力の有無だけ**です。もちろん他の人が何を話しているのかを聞く必要もありますが、それはさほど重要なことではありません。数人が同じテーマについて答える時に一人だけ変わったことを言うと、その人の人間性やものの考え方が際立ち、もしその回答内容に問題があれば、その人だけが低く評価されることになるのです。だから**グループ面接ではあえて目立たないようにするべき**なのです。

もう一つ例を見ていきましょう。これも入試本番で実際にあったやり取りです。

「あなたの担当する患者さんが退院の際にお礼として現金もしくは商品券を持って来ました。あなたは受け取りますか。順に答えてください。」

A「私は受け取りません。なぜなら医師は診療報酬を受け取るのですから、それ以上に報酬をもらうべきではないと思うからです。」

B「お菓子程度なら受け取るかもしれませんが、お金や商品券は受け取りません。隣の方の言われたように、診療報酬以外にお金をもらうことは倫理に反すると思います。」

C「私もBさんの意見と同じです。」

D「私は受け取ります。くれると言って持って来てくれた物を受け取らないのは失礼だと思うからです。」

E「私は受け取りません。そこで受け取ってしまうと、他の患者さんが自分も退院の際にはお礼をしなければならないのではないかと思うようになるからです。」

この質問に対する答えとして、Cだけは失格です。

Cは自分自身の意見を言っていません。仮に他の人の意見と自分のそれとが完全に重複していても、必ず自分自身の意見として言わなければいけません。「先ほどの方の意見とほとんど同じになってしまいますが…」と最初に言っておけばいいのです。他の人と同じことを言ってはいけないと勘違いする人がいますが、グループで一つの質問に答える以上、同じ答えになるのは自然なことです。

Dについては失格とまでは言えないものの、やや危険な回答だと思います。A→B→Cと同じ回答が続いたので、Dも同じことを言う方が無難です。自分の考えによほどの自信がある場合は別ですが、そうでなければ多数意見をとるべきです。

もっとも、グループの中で最初もしくは二番目に発言する場合には「目立てば負け」は成り立ちません。また、それぞれが全く異なることを答える可能性の高い質問、例えば「今後、再生医療はどうなっていくと思うか」のような質問の場合も同じです。

自分の本当の考え以外に何も思いつかないような場合は仕方ありませんが、それでも**グループ面接の基本は「目立てば負け」**です。変に目立って墓穴を掘らないようにして欲しいと思います。

第3節 グループ討論 大切なのは話す内容ではない

第2節のグループ面接は個人面接の「基本的な質問項目」の準備をしたうえで、「目立てば負け」ということを意識さえしておけば大丈夫と説明しました。

第3節ではグループ討論（グループディスカッション）について説明をしていきますが、グループ討論はグループ面接のように甘いものではありません。**事前に練習をしておかなければ乗り切ることは難しい**と思います。

まずグループ討論の際の姿勢について説明します。

足を前に投げ出したり組んだりしているのは問題外ですが、それ以外にも腕を組んだり肘を太ももの上に乗せたりするのもだめです。**きちんと手を膝の上に置き、男性は足を開きすぎないように、そして女性はきちんと閉じていてください。**ジェスチャーはだめなわけではありませんが、極端に多いのは問題です。何事も適度であるべきです。

このような基本的な姿勢ができているということを前提にグループ討論について説明していきます。

グループ討論で面接官が何を見ているのか

面接官が何よりも見ているのは次のことです。

その人が集団の中できちんとコミュニケーションをとれるのか

複数の人と話をする場面を思い浮かべてください。話し手の目を見て話を聞いている人もいれば、よそを向いて聞いている人もいます。最近ではスマホの画面をちらちら見ている人もいます。そういう人達の中で誰が最も高いコミュニケーション能力を持っていると思いますか。もちろん、話し手の目をじっと見て話を聞いている人です。

話を聞く姿勢とコミュニケーション能力は無関係だと思う人がいるかもしれません。しかし、それは違います。

コミュニケーション能力には話す力だけでなく聞く力も含まれる

このことを忘れてはいけません。たとえ話すのが上手でも、人の話をきちんと聞けない人はコミュニケーション能力があるとは言えません。自分の考えをきちんと話すだけでなく、相手の話もしっかり聞けることが必要なのです。**グループ討論においては、その両方の力があるかどうかがチェックされます。**それらの力がある程度備わっていなければ、医局に入ってカンファレンス（医療の現場における会議）に参加する時に、情報や意見の交換を十分に行うことはできません。

ではどういうふうにすれば、この人にはコミュニケーション能力があると判断されるのでしょうか。

他の受験生の目をきちんと見て話す
話している人の目をきちんと見て聞く

これが絶対に必要なグループ討論の基本です。恥ずかしいからよそを見て話すとか、人が話しているのに違う方向を見ているというのはだめです。

グループ討論の場合、面接官は三人以上いるのが普通ですが、そのうちの**一人は聞いている人達の「聞く姿勢」をチェックしています。**話している人の方にある程度顔を向け、目を見て聞いているかどうかを見ているのです。

この人はきちんと討論に参加しているという印象を面接官に与えるためには、次のことも大切です。

賛同できる時にはうなずく
時には笑顔を見せる

こうすることで面接官に好印象を与えるだけでなく、一緒に討論している他の受験生にも好感を持たれるでしょう。

誰でも自分の話をきちんと聞いてくれて、時には強くうなずいてくれたり笑顔を見せてくれたりする人には好感を持ちます。逆にそういう人が話し始めれば、自分もしっかり聞いてあげようという気持ちになるはずです。

これはグループ討論に必要なテクニックの一つです。

以前、このようなテクニックを自然に使える女性がいました。彼女はグループ討論前の控室で周りの受験生達に「緊張しますね。もし同じグループになったら頑張りましょうね」と話しかけたそうです。控室ではあまり話をしてはいけないので、この程度しか話せませんでしたが、周りの空気は和みました。そして控室で話したうちの一人の女性と同じグループになりました。討論終了後、彼女はその女性に「ありがとう。あなたのおかげでそんなに緊張せずに頑張ることができた。一緒に合格できるといいね」と言ってもらえたそうです。

その二か月後、彼女達は入学式で再会します。そしてそれからずっと親友として付き合いをしているそうです。グループ討論が導いた不思議な縁と言えるかもしれません。

グループ討論において注意すべき点をもう少し述べていきます。

発言内容でなく発言回数で勝負する

グループ討論の練習をしていると、「何を話していいかわからない」「話についていけない」などという人が時々います。そういう人に限って、他のメンバーが感心するようなことを言おうとするのですが、なかなか思いつかないのです。

はっきり言っておきますが、**グループ討論においては話す内容は二の次です。**他のメンバーや面接官がなるほどと思うようなことを言う必要はありません。とにかく**回数を稼ぐことが重要**なのです。発言回数が多ければ、内容的にたいしたことを言わなくても合格点はもらえます。

ここで注意しておきたいのは次の点です。

発言時間が長すぎると印象は悪くなる

一回の発言でだらだらと長く話す人が時々いますが、こういう人は合格点をもらえません。

グループ討論では相手の話をメモすることはできないので、あれこれとたくさんのことを一度に話されても覚えられません。そのためどの部分について話せばいいのかわからなくなり、長い発言の後には必ず沈黙が訪れます。自分をアピールするためにたくさん話したい気持ちはわかりますが、グループ討論ではだめです。そういう人はコミュニケーション能力がないと判断されても文句は言えません。

「発言回数で勝負しろ。長く話すな」と言いましたが、発言回数と発言時間についての一応の目安を示します。

少なくとも三分に一回は発言する
一回の発言時間は三十秒まで

十五分間のグループ討論であれば少なくとも五回は発言しましょう。そしてできれば、最初だけ、中盤だけ、最後だけのように固めて話すのも避けましょう。まんべんなく発言するようにしてください。そうすれば「この人は集団の中に入ってもしっかりコミュニケーションがとれる」と評価してもらえます。

また一回の発言時間は三十秒以内が理想で、どんなに長くても一分を超えてはいけません。たまに発言回数三回、発言時間の合計六分などという人がいますが、そういう人は絶対に合格点をもらえません。

グループ討論の冒頭で「私が司会役を務めてもいいですか」と司会役を買って出る人が時々います。塾や予備校によっては「司会役は有利だから積極的に司会をやるべきだ」と指導している所もあるようですが、これには何の根拠もありません。

司会役をしたければしても構わないのですが、だからと言って合格点をもらいやすくなるわけではありません。司会役を買って出たのに討論が全く盛り上がらなければ、逆に印象が悪くなることもあるので注意するべきです。

そもそも司会役などいなくても討論は十分に成立するので、誰かが「司会役はいらないのではないでしょうか。自由に話す方がいいと思います」と言えば、その時は司会役なしで進行することになります。こんなふうに出鼻をくじかれることもあるので、**わざわざ司会役を買って出る必要はありません**。

もちろん面接官が司会役を決めるように指示した場合は積極的に司会役を務めても構いません。グループ討論の流れの中で自然に司会のような役になってしまうのもいいでしょう。グループ討論が苦手な人の多いグループに入れば自然にそうなることもあります。

さて、グループ討論で発言回数を稼ぐにはどうすればいいのでしょうか。

話の流れが全くわかっていないのに何を発言すればいいのかと疑問に思うでしょう。そういう時は、「申し訳ないのですが、実はさっきから話についていけなくて…。今どんな話になっているのかどなたか教えていただけないでしょうか」と言うのです。すると誰かがきっと説明してくれます。それに対していくつか質問をしたり、「なるほど、よくわかりました。ありがとうございます」と言ったりするだけで発言回数は五回ほどになります。

他にも、「なるほど。私も今の意見に賛成です」「そういう考え方もいいなあと感じました」などの言葉でも一回にカウントしていけば、五回くらいは簡単です。

とはいえ、緊張したり流れについていけなかったりして、無言のまま討論を終えてしまう受験生も少なくありません。一次試験をせっかく通過したのにもったいないと思います。

そういうことのないようにするためには、やはり**医学部を目指す仲間と実際に練習する機会を持つのが一番です。**一度練習するだけでがらりと変わってくる人も多いので、なんとか練習の機会を持ってください。医学部受験専門の塾や予備校でなら、きっとレベルの高いメンバーと練習ができます。

ところで、グループ討論がどのようなものなのか、特に現役生にはピンとこないのではないでしょうか。そこで一般的なグループ討論の様子を簡単に示しておきたいと思います。ぜひ参考にしてください。

まず、討論するテーマが示されます。大学によっては簡単な資料や課題文が配布されることもありますが、**多くの大学では一つの言葉（テーマ）が示されるだけ**です。

そこで今回は次のテーマについて、A、B、C、Dの四人のメンバーで十分間討論することにします。実際は少しの間沈黙があったりもするのですが、ほとんど次のような感じで進行すると思ってください。

テーマ「遠隔診療の将来について」

まず全員が頭を下げ、全員の「よろしくお願いします」から始まります。

A「え～っと、では私からよろしいですか。私は遠隔診療には大きなメリットがあるので、これからどんどん進めていくべきだと思います。」

B「確かにメリットはありますが、それ以上にデメリットがあるので私は遠隔診療をあまり進めるべきではないと思います。」

C「私も反対です。遠隔診療にはデメリットが大きすぎます。」

D「私はそうは思いません。遠隔診療はこれからの医療の中心になっていくべきものだと考えます。」

A「一応全員がそれぞれの立場を明らかにしたと思います。遠隔診療を進めていくことに賛成が二人、反対が二人ということですね。私は賛成の立場なので、反対の立場の方にお伺いします。遠隔診療にはデメリットが大きすぎる、とのことですが、皆さんのおっしゃるデメリットとはどのようなものなのでしょうか。」

B「一番大きなものは、正確な診断ができないということです。」

D「なぜそう思うのですか。」

B「遠隔診療だと患者さんの触診ができません。画面からではわからないことが多すぎます。」

C「そうですよね。それに血液検査や尿検査、レントゲン撮影などの詳しい検査もできないと思います。」

A「でも触診や詳しい検査が必要な患者さんばかりではないはずです。体温や血圧、脈拍くらいなら家庭でも測ることができます。」

B「確かにそうかもしれませんが、それはあくまで結果論であって、医師が診察して初めて、詳しい検査は必要なかったとわかると思います。」

D「では全ての患者さんが対面での診察を受けるべきだということですか。」

B「それが理想です。正確な診断ができないというのは致命的な欠陥だと思うので。」

C「そもそも遠隔診療のメリットとは何なのかをお二人にお聞きしたいのですが。私にはあまりメリットがないように感じられます。」

D「医師不足の地域では、必要な診察を受けることができない患者さんが多くいますが、遠隔診療ならそのような患者さんも診察を受けることができます。」

A「それに医療機関に行く時間や交通費がなくなりますし、待ち時間もありません。病院への付き添いも必要がなくなり、家族の負担も軽くなります。」

C「なるほど。確かにメリットもかなりありますね。私は交通費のことくらいしか思いつきませんでした。」

A「さらに新型コロナウイルス感染症のような、新たな感染症がはやったときの予防にもなると思います。」

C「それは大きいですね。言われてみれば、遠隔診療のメリットがたくさんあることがわかります。でも対面での診察が原則だとすると、自宅から医療機関までが遠い患者さんに大きな負担がかかるのではありませんか。」

D「そうですね。確かにそれは問題かもしれません。」

A「いや、それについては在宅医療を充実させればなんとかなるでしょう。」

B「医師の偏在が起きているのに在宅医療の充実など可能でしょうか。あまりに非現実的だと思います。」

A「医学部の定員を増やす、地域枠を拡充するなどして医師の偏在をなくせばいいのではないですか。」

C「それでは効果が出るまでに時間がかかりすぎますよ。」

D「では遠隔診療にある程度の条件をつけるというのはどうでしょうか。例えば、初診の患者さんは遠隔診療ではなく対面でなければならない、とか。」

B「それはいいかもしれません。最初の診察の時に患者さんの状況はほとんどわかるはずなので。」

C「それなら、かかりつけ医だけが遠隔診療できると決めるのもいいかもしれませんね。」
A「なるほど。それなら見落としも少なくなります。」
B「あ、でも、かかりつけ医の基準ってどうやって決めるのですか。」
D「確かに、それについても基準を設けなければいけないですね。」

発言回数はAから順に八、八、七、七回で、一回の発言時間も全て三十秒以内です。またそれぞれがしっかりと相手の話を聞けています。これなら全員が合格点をもらえるでしょう。

もちろん、メンバーに恵まれない場合には討論が全く進行しない事態も起こり得ます。喧嘩腰である、終始無言である、声が小さくて聞き取れない、話が長い、早口である、感情的になって泣き出す、終わった話を蒸し返す、意味のわからないことを話す、などの人がメンバーにいる場合、本当に困ってしまいます。

そういう時でも**なんとか発言をしてください。**怒りやいら立ち、焦りをぐっと抑えて、一生懸命発言すれば大丈夫です。そのような状況にどう対応するのかを面接官は見ているということを忘れてはいけません。

第4節　MMI　様々な能力が試される

第3節までで医学部受験の面接試験の大半を占める個人面接、グループ面接、さらにグループ討論について詳しく説明をしました。ほとんどの大学の面接試験はこの三つの形式についてしっかり準備と練習をしておけば問題はありません。

第4節ではMMIについて説明します。MMIとはmultiple mini interviewの略で「**複数の課題を用いた面接試験**」のことを言います。一回のMMIで「表現力」「判断力」「論理的思考力」などの能力のうちの一つを評価します。MMIを実施している大学はまだそれほど多くはありませんが、これから増えていくことが予想されます。

MMIが導入され始めた頃には、質疑応答型と意見表明型の二つのパターンがありました。示された状況でどのように行動するかを話すという点では両者は同じですが、質疑応答型では受験生と面接官が一対一で話し合うのに対し、意見表明型では受験生が自分の考えを一方的に話すという違いがあります。意見表明型の方が格段に難しく、時間を持て余すということがよくありました。そのため最近は意見表明型はほとんどなくなり、質疑応答型が中心となっています。

面接時間は三分から七分と幅があり、テーマについても身近なものから難解なものまで多岐にわたります。

では具体的なMMIでのやり取りを見てください。これは東邦大学医学部の改題です。MMIは三分間です。

入室すると机の上に一枚の紙が置かれており、それを一分間読むように指示があります。紙には次のように書かれています。

テーマ「定期テストでカンニングをした野球部員が甲子園大会に出てもいいか」

あなたはどう思いますか。

私は大会に出てはいけないと思います。

その理由を聞かせてください。

テストでカンニングをするような人は甲子園という神聖な場所にふさわしくないと思うからです。

ということは、普段から品行方正な人しか甲子園に出場してはいけないということですか。

はい。甲子園は高校球児の憧れであり、不正を行う人は出るべきではありません。

信号無視をする人はどうですか。そういう人は社会のルールを守っていませんが、やはり甲子園に出てはいけませんか。

たまにするくらいなら、出ても構わないと思います。

ではいじめをする人はどうですか。

いじめをする人もだめです。

軽いいじめでもだめですか。

軽くてもいじめはだめです。

陰で人の悪口を言う人はどうですか。

程度によると思います。あまりにひどいのはだめです。

あなたは先ほどから程度を気にしているようだけど、それは誰がどうやって決めるのですか。

客観的に見て、程度を判断すればいいと思います。

客観的かどうかをどうやって判断するのですか。あなたの考える「客観的」と、私の考える「客観的」とでは随分差があるようだけど。

……。

カンニング、信号無視、いじめ、悪口、どれも悪いことではあるよね。

はい。どれも悪いことです。

それなのに違いがあるのはなぜですか。

いじめは人を傷つけるのでだめだと考えました。

カンニングは誰も傷つけないのではありませんか。

…確かにそうです。

ここでブザーが鳴って終了。

結局のところ、面接官がどのような回答を求めていたのかはわかりません。定期テストでのカンニングなので大目に見ようということなのか、カンニングをするような部員を甲子園に出場させれば他の部員達に示しがつかないということなのかは、このやり取りからはわかりません。むしろ正解はなかったと思われます。面接官は受験生の何十倍、何百倍もの知識や教養を持っているのですから、面接官を完全に納得させようとするべきではありません。そんなことは不可能なのです。大切なことは次の三点です。

一生懸命考える
直感を大切にしつつ、自分の考えに固執しない
面接官の言葉はヒントだと思って聞く

このやり取りでは、それほどの沈黙もなくスムーズに進行したように見えますが、実際のMMIはもう少し緊迫した雰囲気です。受験生が言葉に詰まることも珍しくはありません。

次は藤田医科大学のMMIで行われたやり取りを見てください。先ほどの問題よりも状況がやや複雑になっています。これも文章を一分間読んでから開始です。MMIは五分間です。

テーマ

「あなたは部活の部長をしています。試合のために遠征に行くのに高速バスを使うことにしました。しかし、数人の部員が『バス酔いをするから新幹線がいい』と言い、また数人の部員が『新幹線は金銭的に無理だ』と言っています。顧問は一人しかおらず、引率の面から現地集合ではなく一緒に行動しなければならないと言っています。あなたならどうしますか。」

あなたはどうしますか。

高速バスを利用すると思います。なぜなら金銭的な理由を重視するべきだと思うからです。

なぜ金銭的な理由を重視するのですか。

経済的に新幹線代を払えない人に無理やり払わせることはできないからです。

あなたはバス酔いしますか。

いえ、私はしたことがありません。

ではバス酔いする人のつらさはわかりませんよね。あれは本当につらいですよ。

そうなのですか。でもバス酔いなら薬を飲めばなんとかなると思うのですが。

薬が効かない人もたまにいますよ。そういう人には我慢しろと言うのですか。

…確かにそれはかわいそうな気がします。それなら残念ですが、バス酔いする人には今回の遠征を遠慮してもらおうと思います。

遠征に行けない方がかわいそうではないですか。

それなら本人にバスで行くか、遠征に行かないかを選ばせればいいと思います。

結局のところ、バスで行くことを強要していますよね。

薬が効かない人ばかりではないと思いますし、部活動は集団で行うものなので、全体のために一部が犠牲になるのは仕方がないと考えます。

わかりました。他のアイデアはありませんか。

他のアイデアですか…。顧問の先生に、バスで行く班と新幹線で行く班の二つの班に分かれて行動できるようにお願いします。

顧問の先生は一緒に行動するようにと言っていますが、それでもお願いするのですか。

そもそも一緒に行動するのは何かトラブルに巻き込まれないようにするためだと思うので、そういうことのないように注意します、と言って許してもらおうと思います。

却下されたらどうしますか。

少しお時間をいただいてもよろしいでしょうか。

どうぞ。

あ、こういうのはどうでしょうか。目的地まで新幹線ではなく普通列車で行きます。時間はかかりますが、費用は高速バスとそれほど変わらないと思います。反対する人もいるかもしれませんが、部員全員が遠征に参加するにはこれしかないと説得します。それが部長としての役割だと考えます。

なるほど。わかりました。

ブザーが鳴って終了です。

このやり取りでは五分はもちませんが、流れと雰囲気はつかめたはずです。

この受験生はテーマについて「高速バスで行く」「顧問の先生にお願いする」「目的地まで普通列車で行く」の三つのアイデアを示すことができました。これだけ示せれば十分です。

乗り物酔いの薬が効かない人もいるという反論に戸惑って、バス酔いする人は遠征に参加させない、というやや強引な方針を打ち出してしまいましたが、部活動は集団で行うものだから、誰かがある程度の犠牲になるのは仕方がない、とうまくまとめることができました。

MMIの終盤で、部長としての役割について言及できたのもよかったと思います。

このテーマのように問題文が長い場合は次のことに注意してください。

結論を出すよりも情報を集めることを意識する

話しているうちに次々とアイデアが浮かぶでしょうから、開始前の一分間で結論を出しても意味がありません。それよりは問題文から少しでも多くの情報を集めましょう。さっと目を通すだけでは大切な情報を見落としてしまいます。

なお、どうしてもすぐに答えられそうにない時には、「少しお時間をいただいてもよろしいでしょうか」とお願いしてください。それに対して「いや。だめです」という面接官はいません。これはMMIだけでなく個人面接でも使えます。しかし、何度も使うことはできないので注意しましょう。どんなに多くても三回までです。それを超えると、「では質問を変えましょう」と言われてしまいます。

では、現在行われているMMIの中で最も難解な東京慈恵会医科大学医学部のMMIのやり取りの一部を最後に見てください。本番では時間が七分と長く、内容も深いですが、これまでに説明したことをきちんと理解していれば恐れる必要はありません。

テーマ

「妊婦である妻が病気になり、妻か胎児のどちらかしか助けられない場合、あなたはどちらを助けるか」

あなたはどちらを助けますか。

男性はそうかもしれませんね。では妻はどうでしょうか。

では妻が胎児の命を優先したいと言ったら、どうしますか。

どんなに反対されても、自分の命と引き換えに子どもを産むと妻が言えばどうですか。

あなたは妻にどんなことを言いますか。

私は妻を助けると思います。なぜなら胎児はまだ顔を見たこともないので、それほどの愛情も抱いていないからです。

ずっとお腹の中で育ててきたので、妻はきっと大きな愛情を抱いていると思います。

反対します。妻がそれを望んでも、妻には生きて欲しいと思うからです。

話し合うと思います。

君には生きていて欲しいこと、子どもはまたつくれるということ、たとえつくれない体になっても二人で生きていこうと言います。

愛情が溢れていますね。でも、愛しているからこそ妻の希望を叶えるという考え方もあると思いますが、どうですか。

確かにそういう考え方もあるかもしれませんが、生まれてきた子どもに母親がいないのはかわいそうな気がします。

そうでしょうか。母親がいなくても幸せに暮らしている人はたくさんいますよ。

一人で育てていく自信も私にはありません。

それぞれのご両親に協力してもらうとか、託児所や保育所に預けるとかもできますよ。では、妻のご両親が精一杯サポートすることを約束してくれているなど、生まれてからのことを心配する必要がない状況ならどうですか。その場合でも妻には生きていて欲しいですか。

それでもかなり悩むと思います。私の考える幸せとは、生まれてくる子どもを妻と育てていくことなので、妻がいない状況では幸せを感じることができないかもしれません。

なるほど。その考えもわかります。でも、胎児の命を優先することで妻は幸せな気持ちで人生を終えることができるだろうし、生まれてくる子どもも幸せに生きることができるかもしれません。あなたの幸せと彼らの幸せのどちらを重視するかではないでしょうか。

そうですね。確かに私は自分の幸せばかりを考えていたのかもしれません。私の両親も、自分達の幸せよりも子どもの幸せを最優先にしてきたと思います。そう考えれば、この問題の場合も妻や胎児の幸せを優先するべきなのか…。わからなくなってきました。

人生は迷いの連続です。さあ、そろそろ結論を出してください。

はい。私は妻の命を助けたいと思いますが、妻がどうしても納得してくれないのなら、妻の気持ちを優先します。病気になって一番つらい思いをしているのは妻です。もし胎児の命を救えば、妻はかわいい我が子を残して人生を終えることになります。きっと心残りだと思います。逆に妻の命を救えば、妻はそのことを一生後悔し、苦しみ続けるかもしれません。どちらを選んでも、妻の苦しみや悲しみは私の比ではありません。だから、妻の気持ちを尊重しようと思います。

ブザーが鳴って終了。

究極の選択です。女性なら胎児の命を、男性なら妻の命を救うと答える人が多いかもしれませんが、結論としてはどちらをとっても構いません。

「どちらが正解だったのですか」とか「どちらの答えの方が印象がよかったでしょうか」と聞いてくる人がよくいますが、この種の問題には正解はないですし、印象についても一概には言えません。

とにかく一生懸命考えることです。面接官の言葉を聞いて、自分の主張を変えても構いません。もちろん一貫性があることも大切ですが、それと同じくらい柔軟性も必要です。回答を通じて、自分のバランス感覚の高さを面接官に示してください。

ここまで三つのMMIのやり取りを示しましたが、このような回答を自分ができるのかと不安に思うかもしれません。でも最初は誰でもそうです。やってみればMMIは楽しいとわかるでしょう。

本や新聞、ニュースから知識と教養をしっかり身に付け、実力のある指導者と一対一で練習を重ねてください。指導者のレベルが低いと練習にならないので、その点は注意しましょう。

第3章 出願書類で差をつけろ

第1章では医学部受験の面接試験で求められるものを、第2章では四つの面接パターンについて説明をしました。どのような面接形式でも、事前にしっかり準備と練習をしておけば面接官にいい印象を持ってもらえることがわかったでしょう。

実は面接開始前から面接官の印象をよくできるものがあります。出願時に大学に提出する「**出願書類**」です。

出願書類で他の受験生に差をつける

出願書類には大きく分けて「氏名や住所、学歴などを記入する欄」と「本学志望理由、医学部志望理由、自己評価、将来の展望」などを書く欄の二つがあります。後者については事前に面接官が目を通すことが多いため、面接試験が始まる前に面接官は受験者に一定の印象を持っています。

具体例を一つ見てください。ある大学の本学志望理由です。

本学志望理由①

「私は貴学の一年次での寮生活に魅力を感じた。入学後に海外留学を経験できるというのも貴学を志望する理由のひとつである。」

本学志望理由②

「貴学では一年次に寮生活を送れることに魅力を感じた。ともに医学を学ぶ仲間と一緒に共同生活を送ることで、チーム医療の基礎を学べるだけでなく、規則正しい生活習慣を身に付けることができると思った。また、私には将来医師として海外貢献をしたいという夢があるが、貴学には海外の提携校との間で交換留学制度があるため、その制度を利用して、学生時代に海外で見聞を広めることができると考えたからである。」

この二つの本学志望理由を読んだ時に、どちらの受験生がこの大学のことをよく知っていて、入学を熱望していると感じますか。言うまでもなく②です。

出願書類は単なる書類の一つではありません。それを通じて、自分をアピールする場なのです。面接官に目を通してもらえるのなら、自分に少しでも有利な書類に仕上げるべきです。

このことは一般選抜にも当てはまりますが、特に当てはまるのは推薦型選抜です。推薦型選抜では受験生の医師としての資質や人間性をより重視します。いい加減な内容のままで出願するのは無謀と言えるでしょう。

なお、出願書類の欄をどの程度まで埋めるのかについて迷うことがあるかもしれませんが、最後の行まできちんと埋めるのが理想です。欄の半分以下しか埋めていない場合は、受験への姿勢を疑われかねません。

手書きの場合は文字の大きさも気になるところですが、大きすぎず小さすぎずというのがいいでしょう。大きすぎると内容が薄くなりますし、逆に小さすぎると読みにくくなります。適度な大きさで書いてください。

次に、出願書類で他の受験生に差をつけるためのポイントを書類ごとに説明していきます。

本学志望理由

本学志望理由では大学のアピールポイントを盛り込みます。例えば、寮生活や国家試験合格率の高さ、関連病院の多さを大学のホームページやパンフレットで強調しているなら、本学志望理由にそれを書きましょう。

例えば次のような感じです。

「貴学では一年次から寮生活を経験するため、規則正しい生活習慣を身に付けられるだけでなく、チーム医療の基礎を学べると思います。また国家試験の合格率がとても高く、一年でも早く医師になりたい私にとっては大きな魅力です。さらに貴学には付属病院や関連病院が多く、実習を通じて自分の将来像を描きやすいと考えました。以上の理由から貴学を志望しました。」

このように、できるだけ具体的に書くのも重要です。もちろん、「建学の精神に感銘を受けた」「貴学の教育方針に魅力を感じた」などでもいいのですが、できるならもっと具体的なことを書きましょう。

ところで、志望理由などを書く際に「〜です」「〜ます」のようにするべきなのか、それとも小論文のように「〜だ」「〜である」の方がいいのかをよく聞かれますが、どちらでも構いません。一般的に「〜です」「〜ます」は丁寧で謙虚な感じがするのに対し、「〜だ」「〜である」は力強く、意志の強さを感じさせますが、これはそれぞれの好みなので、どちらにするのかは自由です。ただ、「〜です」「〜ます」と「〜だ」「〜である」が混在しないようにしましょう。どちらかに統一してあれば問題はありません。

自己評価書（自己ＰＲ）

次は自己評価書です。自己ＰＲや主体性評価なども同じです。

自己評価書や自己ＰＲは次のような流れで書くのが普通です。これは面接試験でも同じなので、ぜひ覚えておいてください。

「これまでの経験」→「そこから得たもの、学んだこと」→「それを将来どのように生かしていくか」

これさえ押さえておけば困ることはありません。例えば次のような感じです。

「私は中学高校の六年間、野球部に所属し、高校二年の時には部長を務めました。部長としてチームをまとめるために仲間と徹底的に話し合い、チーム全員が納得のいく練習プランを考えました。その結果、チームは地区大会の準決勝まで進むことができました。

私はこの経験からコミュニケーションの大切さを学んだと思います。相手はこう思っているだろうと考えるだけでは不十分だということがわかりました。

このように学んだことを生かして、将来は患者さんや他の医療従事者としっかりコミュニケーションをとり、誰からも信頼される医師になろうと考えています。」

野球部で部長を務めた経験からコミュニケーションの大切さを学び、それを医師になって患者や他の医療従事者と関わっていく際に生かしていける、ということを書いていますが、書こうと思えば他にいくらでも書けるはずです。例えば、「一つのことを続けていくことの大切さ」「リーダーシップを発揮するために必要なこと」「チームにおいて協調性がいかに大切であるか」「一つの目標に向かって仲間と力を合わせることの難しさ」などです。

もし字数が足りなければ、この「これまでの経験」→「そこから得たもの、学んだこと」→「それを将来どのように生かしていくか」のセットをもう一つ考えてください。

個人面接で三分間の自己PRをさせる大学がたまにありますが、そういう場合はこのセットを三つ用意し、それぞれの「経験」について厚く話すようにしてください。

どんなことを「経験」に選ぶべきなのかで迷う人もいるでしょう。そういう人は以下の中から選ぶことをお勧めします。

部活動

皆勤
習い事
ボランティア活動
海外留学

なお、「経験」が何もありません、と言ってくる人も比較的多くいます。部活はすぐに辞めてしまったし、習い事や海外留学、ボランティア活動もしていないので書くことがない、というのです。しかし、それらの経験がなくても体育祭や文化祭、クラスの委員や係などで何の経験もない人はほとんどいません。もしそれらもなければ、親しい人の死や闘病生活、自身の受験生活などを「経験」として書いても構いません。

例えば次のように書くのです。

「私が中学三年の頃に、大好きだった祖母が末期がんであることがわかりました。祖母の回復を祈るしかできない自分に腹が立ち、悔しかったのを覚えています。一年間の闘病生活の間、私達家族を支えてくださったのは主治医の先生でした。

祖母が息を引き取った時の、先生の優しい表情と私達にかけてくださった言葉を忘れることができません。私はこの経験から家族の苦しみに寄り添う医師の存在の大きさを身をもって知ることができました。

将来医師になった時には、患者さんやその家族の気持ちに寄り添い、彼らの心の支えになれると思います。」

卒業後の希望・展望

最後は卒業後の希望や展望についてです。

大学によっては、個人面接で卒業後のことをかなり詳しく聞いてくるということは第2章第1節で説明しました。ここでは出願書類にどのように書くべきなのかを説明します。

出願書類の「卒業後の進路」や「将来の希望」「どのような医師になりたいか」を書く場合には大きく分けて二つの書き方があります。それは次の二つです。

どのような医師になりたいか
何科の医師としてどこで働きたいか

「どのような医師になりたいか」というのは、例えば「患者さんと同じ目線に立てる医師になりたい」「患者さんがどんなことでも気軽に相談できる医師になりたい」のような抽象的なものを指すのに対し、「何科の医師としてどこで働きたいか」というのはより具体的なものです。

出願書類にどちらを書くのかというと、記入欄の大きさにもよりますが、一般的には「どのような医師になりたいか」を書きます。小さな記入欄に多くのことを書けないということだけでなく、受験生によっては将来のことをそれほど詳しくは考えていないためです。

そこで「どのような医師になりたいか」を書く時に盛り込むべき要素をいくつか示します。

- 患者への思いやりがある
- コミュニケーション能力が高い
- 協調性がある
- リーダーシップがある
- 学び続ける姿勢を忘れない
- 正確な知識と技術がある
- 地域の患者に信頼される
- 冷静な判断力がある

これらは全て「医師に必要な資質」と言われるものです。「どのような医師になりたいか」を書く際には、これらのうちのいくつかを盛り込んでおけば十分です。

いくつか例を見てください。

①「私は正確な知識や技術を持つだけでなく、患者さんとしっかりコミュニケーションをとることで、彼らにとって最適な医療を提供できる医師になりたい。」

②「私は患者さんへの思いやりの心を持った医師になり、患者さんやそのご家族に寄り添える医師になりたいと考えている。また常に医学を学び続け、自分の知識や技術を常に更新していける医師になるというのも私の目標だ。」

③「私は高いコミュニケーション能力を持つことで、患者さんの悩みや苦しみを少しでも理解できる医師になりたいと考えている。また他の医療従事者とコミュニケーションをとって、チーム医療を円滑に行えるようにもしたい。」

これらを組み合わせても構いませんし、他の要素を盛り込んでもいいのです。要は「医師に必要な資質を持った存在になる」ということが、ある程度具体的に書いてあれば十分なのです。

ところで、この「どのような医師になりたいか」を書く際に、次のようなことを書く人がいます。

「母親のような医師になりたい。」

「まだ医学部に入学もしていないので、今はわからない。」
「金儲けのことばかり考えない医師になりたい。」

これらはどれもだめです。

「私の母親」のような、よく知らない人に例えられても面接官にはイメージが湧きません。「地域の患者さんに信頼されている母親のような医師」のように、具体的な内容を書くのならいいのではないかと思うかもしれませんが、それなら「地域の患者さんに信頼される医師になりたい」で十分です。わざわざ誰かに例える必要はありません。こういう場合、出願書類を保護者が書いていることが多く、ついそのように書きたくなるのかもしれません。

「医学部に入学していないので、今はわからない」というのもおかしいです。医師を目指す以上は、漠然としたものであっても、将来のことについて何かの思いがあるのが当然です。このようなことを書くと、書くのが面倒でごまかしたのか、本当は医師になりたくないのか、などと受け取られてしまうかもしれません。

「金儲けのことばかりを考えない医師」というのは具体的な中身がほとんどありません。実際に金儲けのことしか考えない医師などほとんどいないため、そのようなほんのわずかの例外を除外するだけでは、「医師なら何でもいい」と書いているのと同じです。

第4章 コロナ禍での面接試験

第1節 変更点と今後の予測

新型コロナウイルス感染症は医学部受験の面接試験にも大きな影響を及ぼしました。

ここでは、新型コロナウイルス感染症によって面接試験がどのように変わったのかを前半部分で説明し、後半部分では今後の予測や注意点を述べたいと思います。

コロナ禍での面接試験での主な変更点を順に示していきます。

① 面接時間の短縮

密になるのを避けるために、面接時間が全体的に短くなりました。もともとの面接時間が十分以下の大学では時間の短縮はなかったものの、十五分以上の大学では八割ほどに短縮されました。もっとも、受験生は前年より明らかに短くなったとまでは感じなかったようです。

面接時間が短縮される代わりに再面接が増えるのかと思いましたが、実際はそうでもなく、ほとんどの受験生は例年通りの回数でした。

ここで再面接について説明しておきます。再面接とは、本来なら一度で終わるはずの面接をもう一度行うものです。数十人ごとに待機室に集められた受験生全員が面接を終えた後に、再面接が必要な人の番号が呼ばれます。呼ばれなかった受験生はそのまま退出しますが、呼ばれた人は再び面接室に向かわなければなりません。一度目の面接では面接官が二人から四人なのに対し、再面接では面接官の数が一気に増えて、多い時には八人という場合もあります。面接官の顔ぶれも変わり、医学部長や理事長なども面接に加わることがあります。時間は無制限で、何分経ったら終わりということはありません。多くの受験生にとってはとてもどきどきする時間になります。

再面接になる人は、大きく分けて三つあります。

最初の面接で緊張してうまく話せなかった
特殊な事情が受験生にあるため、一度の面接では不十分だと判断された
最初の面接の際に「問題あり」と判断された

どの理由が多いということはないと思いますが、これだけは覚えておいてください。

再面接は必ずしも不利ではない

再面接になったことでがっくりくる人もいますが、合否には一切無関係なので気にしないようにしましょう。

②マスクやゴーグル、フェイスシールドの着用

対面での面接である以上、飛沫が飛ばないように、飛んだ飛沫が目に入ったり吸い込んだりしないように、これらの着用が必要となりました。

マスクをしているとどうしても声が聞き取りにくくなるため、面接官に「もっと大きな声で話してください」と注意された受験生がたくさんいます。声の大きさは自分ではなかなかわかりにくいので、練習の際にどのくらいの声を出せば相手に聞こえるのかを確認しておきましょう。

③アクリル板やビニールカーテンの設置

天井から受験生と面接官の間にビニールカーテンを垂らしたり、アクリル板を設置したりした大学がありました。またグループ面接やグループ討論の際に受験生の間にアクリル板を置くようになりました。

これらの場合も声が聞き取りにくくなり、受験生同士で注意をし合ったり、面接官から注意を受けたりすることがあったようです。

④リモート面接

岩手医科大学ではズームによるリモート面接が行われました。ネット環境が整っていない人がいる、不正を防ぐ、という理由からなのか、受験会場でのリモート面接でした。

面接官の質問が聞き取りにくいということはなかったようですが、対面ではないため面接試験特有の緊迫感があまりなく、かなりの違和感があったそうです。

以上の変更点を踏まえて、今後の面接試験がどうなるのかを予測すると、次のようなものになると思います。

マスク着用（グループ面接やグループ討論の場合はゴーグルやフェイスシールドも）
受験生と面接官、受験生同士の間にアクリル板やビニールカーテン設置
面接時間の短縮
広い面接会場への変更
自己ＰＲの重要性の高まり

最初の三つは二〇二一年度の面接試験を踏襲したものです。

「広い面接会場への変更」というのは、講堂や体育館のような広くて換気のできる、密にならない場所で面接を行うようになる、という意味です。

最後の「自己PRの重要性の高まり」は、個人面接やグループ面接で自己PRを求められる機会が増えるということです。第3章で示したように、自己PRでは自分のこれまでの経験やそこから得たもの、それを将来どのように生かしていくか、などを述べるので、面接官はそこから受験生に関する様々な情報を得ることができます。面接時間が短縮されるのに伴って、一度に多くの情報を得られる自己PRが求められる機会が増えることが予想されます。

そこで、面接試験において今後特に注意すべき点を理由とともに示します。

大きな声ではっきりと話す

面接試験で声が聞き取りにくいのは致命的です。特に広い面接会場ではいくつものブースで面接が行われますが、パーティションで仕切られているだけなので、隣の受験生の声が聞こえてきます。声が小さいと他の受験生の声にかき消されてしまい、面接官に「もっと大きな声で」と注意されます。それが何度も繰り返されると印象が悪くなるのは言うまでもありません。マスクやフェイスシールド、アクリル板やビニールカーテンがあっても、面接官にきちんと聞こえるような声で話すことを意識するべきです。

自己PRの練習を積む

面接官は自己PRを通じて受験生に関する多くの情報、例えばこれまでの経験や長所、特技、コミュニケーション能力、将来の夢などを知ることができます。もし自己PRが不十分だと、面接官に自分のことをよく知ってもらえないだけでなく、印象も悪くなります。自己PRはいつでもどこでも練習できるのですから、必ず準備をしておいてください。

グループ討論ではこれまで以上に積極的に発言をする

二〇二一年度の金沢医科大学医学部のグループ討論では面接時間が前年までの半分になりました。そのため、十分な発言ができないまま終了を迎えた人が多くいたようです。他の受験生に負けないためには、早い時間帯から積極的に発言をしていきましょう。機会があれば発言しよう、などとのんびり構えていてはいけません。一度か二度しか発言できなかったなどということがないように、どんどん発言することを意識してください。

たとえ発言機会が少なくても面接官に好印象を持ってもらうために、うなずきや笑顔を忘れないでください。マスクをしているので笑顔になっても無駄だと思うかもしれませんが。そんなことはありません。マスクをしていても笑顔は伝わります。集団の中できちんとコミュニケーションをとれる、ということを全身で表現しましょう。

第2節　新型コロナウイルス感染症についての質問と対策

ここでは最初に二〇二一年度の面接試験で新型コロナウイルス感染症についてどのようなやり取りがされたのかを紹介し、最後に今後どのような質問がされるのか、何を準備しておくべきかについて述べたいと思います。

では、二〇二一年度の面接試験でのやり取りを見てください。

新型コロナウイルス感染症について、率直にどう思いますか。

怖いです。世界中で多くの死者が出ていますし、未知のウイルスで治療薬もないので。

これからどうなっていくと思いますか。

ワクチンが効くのかどうかもよくわかりませんし、変異ウイルスも出てきているので、終息までにはまだ何年もかかるのではないかと思います。

あなたは順番が来たらワクチンを接種しますか。

すると思います。副反応が少し心配ですが、自分が感染して周りの人に迷惑をかけるのは嫌なので。

あなたが医師なら、ワクチン接種を嫌がる人にどう対処しますか。

効果があることがわかっているのなら、接種を勧めますが、それでも拒否されたら無理には勧めないと思います。

それはどうして。

ワクチン接種を拒否する人は副反応を恐れてのことだと思うし、確かにその可能性もあるので、接種するかどうかの判断はそれぞれの人の判断に委ねるべきだと思うからです。

「致死率が五〇％超の感染症の拡大を防ぐために、ワクチン接種を義務化するべきか」のような問題なら、また別の議論が必要ですが、現在の新型コロナウイルス感染症については、この回答で十分だと思います。

次のようなやり取りもありました。

なぜ感染者数がなかなか減らないのだと思いますか。

多人数で会食をするなど、予防の意識が低いからだと思います。

若者の自粛が不十分だという意見もありますが、あなたはどう思いますか。

そういうニュースをよく目にしますが、予備校から帰る時に若者だけでなく年配や高齢の方も同じようによく見かけます。若者は騒いだりするので目立つだけではないかと思います。

なるほど。あなたはあまり外出しませんか。

予備校への往復以外で外出することはほとんどありません。

あなたのような人をどうすれば増やせると思いますか。

行政がコロナウイルスの恐ろしさをもっと伝えることで、多くの人が危機感を抱くようにするしかないのではないかと思います。

新型コロナウイルス感染症の感染拡大の主な原因は若者にある、と考える風潮があったことに対しての考えを面接官は聞きたかったようです。この受験生はこのように答えましたが、これとは逆に「若者にも反省するべき点がある」という答えだったとしても、問題はなかったでしょう。自分の考えを示せれば十分なのです。

もう一つだけやり取りを見てください。これまでよりも少し深い質問でした。

新型コロナウイルス感染症の感染が拡大する中で、自分を犠牲にして患者さんのために尽くしている医療従事者を見て、あなたは何を思いますか。

感謝の気持ちと尊敬の念しかありません。

あなたが医師なら、そのような医療従事者と同じように自分を犠牲にしてでも患者さんの命を守ろうとすると思いますか。

はい。私は一人でも多くの患者さんの命を守るために医師になるのですから、自分を犠牲にしてでも患者さんのために尽くします。

医療従事者の中には自己を犠牲にして患者さんの命を守ろうとしない人もいるのですが、そういう人のことをあなたはどう思いますか。

医師としての使命を果たそうとしないのは理解できません。そういう人は医師であってはいけないと思います。

最後の受験生の回答に対し、面接官が納得したとは思えません。自分が医師になったら自己を犠牲にしてでも患者のために尽くす、という思いはあってもいいのですが、何らかの事情があって自己を犠牲にできない医療従事者を否定するようなことを言ってはいけません。

ここは次のような回答をするべきでした。

「高齢者と同居しているなどの事情のために、自己を犠牲にできない医療従事者がおられるのは当然だと思うので、そういう人達の考えも理解できます。」

これまでに三つのやり取りを紹介しましたが、最後のものだけは今後もあり得るので、自分の考えをまとめておきましょう。

最後に、今後の面接試験で予想される四つの質問を挙げておきます。

①「新型コロナウイルス感染症のワクチンを接種しましたか。」

接種した人に対しては、接種後の体調の変化が聞かれる程度でしょうが、接種していない人にはその理由が聞かれると思います。回答次第では痛いところを追及されるかもしれません。

例えば次のような感じです。

あなたは新型コロナウイルス感染症のワクチンを接種しましたか。

いえ、接種していません。

それは健康上の理由によるものですか。

若者は感染しても重症化しないので、接種する必要はないと思ったからです。

重症化しないわけではありませんよ。それに若者が感染した場合は、重い後遺症で苦しむ可能性が高いこともわかっています。

普段から感染予防に注意しているので…。そこまでは考えていませんでした。

親しい人に感染させることとかも考えないのですか。

…申し訳ありません。

さすがにここまで言われることはないと思いますが、面接官にいい印象を与えないのは明らかです。

②「**新型コロナウイルスと変異株の違いを説明してください。**」

物理選択の受験生にとってはやや不利な質問ですが、この程度の質問にはきちんと答えられるように準備をしておきましょう。新型コロナウイルス感染症の最初の感染拡大後、かなりの時が経っているので、知らないでは済まされません。

どのような種類の変異株があり、変異前と毒性や感染力、ワクチンの有効性などについてどのような違いがあるのか、などをしっかり調べておいてください。

③「**新型コロナウイルス感染症によってあなたの生活はどのように変わりましたか。**」

特に変化はなかったと答える人はほとんどいないでしょう。例えば「家で過ごす時間が増えた」「学校の授業がリモートになった」「本を読む時間が増えた」「家族との会話が増えた」「あまり運動をしなくなった」など、人によって様々な変化があったはずなので、それを言えばいいと思います。

もし新型コロナウイルス感染症が案外早く終息していれば、「本を読む時間が増えていたのですが、最近は外出の機会が多く、読書量が少し減りました」のような回答ができるのかもしれません。そうなることを心から願います。

④「**新型コロナウイルス感染症は人間関係の構築にどのような影響を与えたと思いますか。**」

この質問は小論文のテーマになってもおかしくないものです。簡単に答えられる受験生はほとんどいないでしょう。新型コロナウイルス感染症に関する知識も必要ですが、社会への影響についてもしっかり考えておいてください。

この質問について予想されるやり取りは次のようなものです。

新型コロナウイルス感染症は人間関係の構築にどのような影響を与えたと思いますか。

人間関係を構築しにくくなったと思います。

それはなぜですか。

コロナやリモートの影響で、人とあまり会わなくなったからです。

人と会わないと人間関係は構築できないのですか。

構築できないということはありませんが、対面の方がより強い関係を築くことができると思います。特に新しい人間関係を構築する場合はそうです。

対面の方が人間関係を構築しやすいと考える理由を教えてください。

例えば学校なら、友達と一緒にご飯を食べたり話をしたりすることでお互いの絆を強めることができますが、リモートだとそれができません。リモートでは一体感というか、空気感のようなものが感じられないので、お互いに心を開くことができないのだと思います。

なるほど。では人間関係をうまく構築できないと、どのような問題が生じてくると思いますか。

相手を信頼できないと思います。そのため悩み事を人に相談できずに一人で苦しんだり、職場で一体となって何かの仕事に取り組む時に力が発揮できなくなったりするのではないでしょうか。

それでは人間関係をうまく構築するにはどうすればいいと思いますか。

感染のリスクはあるかもしれませんが、しっかり感染予防をしたうえで、人ともう少し積極的に会うようにすることが大切だと思います。必ずしも会食をする必要はなく、マスク着用のままでも構わないので、同じ空間で話をしたり笑ったりすることが重要だと考えます。

人間関係の構築については様々な意見があります。これからの社会には密な関係など必要ないと考える人もいるでしょう。それはそれで構いません。ただ、医師は患者や他の医療従事者と互いに信頼関係を築かなければ務まらない職業なので、いかに人間関係を構築していくかがとても重要だということは理解しておいてください。

あとがき

本書の原著が発売されたのは二〇一七年の秋のことです。おかげさまで好評を博し、増刷を重ねることができました。多くの読者に愛されるだけでなく、様々なサイトで紹介されることも多く、大変幸せに思っております。

原著の発売の約一年後、複数の医学部での入試不正が発覚し、世間を騒がせることとなりました。この事件以降、年齢や性別、経歴等だけで受験生が不利な扱いを受けることは少なくなったと思いますが、その一方で小論文や面接試験の重要度は大きく上がりました。表現力や発想力、医師の資質など、学力試験だけでは測れないものを、小論文や面接で差別や偏見なしに測る必要が高くなったからです。また新型コロナウイルス感染症の感染拡大によって、特に面接試験の形態や質問内容が変わりました。小論文についても、掲載した過去問が既に古くなり、原著がこれからも受験生のお役に立てるのだろうかと思い始めた、ちょうどそのタイミングで、株式会社ＫＡＤＯＫＡＷＡの原賢太郎氏から改訂のお話をいただき、喜んでお引き受けさせていただきました。

改訂内容を吟味していくうち、一般的な改訂度合を大きく超え、最低でも四割以上の改訂が必要だとわかりました。なかなか大変な作業だとは思いましたが、せっかくご購入いただくのに、改訂前と内容がそれほど変わらないのでは意味がないと考え、三年ぶりに改めて筆を執ることにしました。

小論文編では第３章まではマイナーチェンジに留め、第４章「小論文問題の三つのパターン」を全面的に書き直しました。ここでは最新のテーマや過去問を題材に解説をしているので、時間とともにどうしても内容が古くなってしまいます。そこで、改訂をするにあたり、できるだけ新しい問題を、前回よりも問題数を増やして解説することにしました。

面接編では全体を通して質問内容を新しくしました。また、第２章ではＭＭＩを含む「四つの面接パターン」として、それぞれをできるだけ詳しく解説しました。さらに、第３章を以前の「圧迫面接に負けるな」から「出願書類で差をつけろ」に変更しました。一時期、圧迫面接が問題になりましたが、今は少なくとも医学部受験では圧迫面接はほとんどなくなったと思います。出願書類については、外部生から書き方がよくわからないという声をよく聞いていましたので、これを機に新たに章を設けて詳しく解説することにしました。第４章「コロナ禍での面接試験」では、新型コロナ感染症の感染拡大によって面接試験がどのように変わったのかを説明し、今後はどうなっていくのか、どのような点に注意すればいいのか、を予測してみました。コロナワクチンがどの程度の効果を上げるのか、変異株が世界にどのような影響を及ぼすのかなどについてはまだまだ未知数なので、二〇二一年五月の時点での予測になります。少しでも早く新型コロナ感染症が終息し、以前の生活に戻れることを願っています。

医学部受験は人生をかけた戦いだと言われます。人生全てだとは言いませんが、人生の前半部分をかけて受験生が必死に戦っているのは確かでしょう。「医師になって一人でも多くの患者さんの生命と健康を守りたい」「医療の面で社会に貢献したい」「家族や友人の期待に応えたい」「自分のプライドを保ちたい」「社会的な地位と高収入を手に入れたい」など、医師を目指す理由は人によって様々です。たとえ動機が不純であっても、それはそれで構わないと思います。どのような動機であろうと目標に向かって努力をするという点では同じだからです。こんなことを言うと、不純な動機のために医師を目指すのは間違っていると考える人がいるかもしれませんが、そういう受験生も大学に入学をして、患者さんを前にすると少しずつ考えが変わっていくものです。今はどんな動機であれ、ひたすら前だけを見て頑張ればいいのです。

遊びたい時に遊ばず、寝たい時に寝ず、周りの期待やプレッシャーに押しつぶされそうになりながら、先の見えない戦いを続けるのは本当に苦しいものです。なかなか伸びない成績に自分の能力と将来に対する不安を感じ、逃げ出したくなることもあるでしょう。時には自分以外の何かのせいにしたくなる時もあるはずです。受験生を支える家族にとっても、苦しんでいる受験生を見守り続けるのは大変なことです。やるべきことに背を向け、真剣に勉強に取り組もうとしない姿に苛立ちを覚えたり、医学部への道を断念させた方がいいのではないかと思いつつも、なかなかそれを言い出せなかったりする家族の気持ちも痛いほどわかります。でも、その戦いの先にきっと大きな幸せが待っています。受験生の皆さんには、その日を信じて頑張って欲しいと思います。そして受験生を支えるご家族の方々は、春が訪れることを信じて待ってあげてください。

様々な思いを胸に努力を重ねてきた医学部受験生にとって本書が少しでも力になれれば幸いです。ぜひ夢をつかんでください。

最後になりましたが、改訂版の執筆にあたり孝田智子さんに多大なるご協力を賜りましたことに、ここで心より感謝の意を表したいと思います。孝田さんなしでは改訂版の出版はかないませんでした。誠にありがとうございました。

芝　高太郎

芝　高太郎（しば　こうたろう）

20年以上にわたり医系予備校で小論文・面接を指導。答案添削は累計で５万通を超え、面接練習は６千時間におよぶ。受験に必要な知識だけでなく、「医師を志す者はどういう人間でなければならないか」を生徒自身に考えさせることも授業の主眼にしてきた。

生徒不在のままで利益のみを追求する塾や予備校に背を向け、生徒の人生を真剣に考え、生徒と保護者にもっと寄り添える予備校を作りたいという想いを胸に、最も信頼できる仲間と大阪市城東区に医学部受験専門予備校PEACEアカデミーを創設。卓越した指導力と人間性を兼ね備えた講師陣とともに、最新教育システムを駆使し医学部受験界に新風を巻き起こす。生徒募集開始と同時に定員が埋まる人気予備校であり、対面授業以外にオンデマンドで映像授業も行っている。医学部受験生対象に完全個別オンライン教室「芝先生の小論文教室」も主宰している。

2018年より週刊朝日ムック『医学部に入る』の小論文・面接ページの監修・執筆を担当。

改訂版《かいていばん》　世界一《せかいいち》わかりやすい
医学部小論文《いがくぶしょうろんぶん》・面接《めんせつ》の特別講座《とくべつこうざ》

2021年９月17日　初版発行
2024年１月10日　３版発行

著者／芝《しば》　高太郎《こうたろう》

発行者／山下　直久

発行／株式会社KADOKAWA
〒102-8177　東京都千代田区富士見2-13-3
電話　0570-002-301（ナビダイヤル）

印刷所／株式会社加藤文明社印刷所

●お問い合わせ
https://www.kadokawa.co.jp/（「お問い合わせ」へお進みください）
※内容によっては、お答えできない場合があります。
※サポートは日本国内のみとさせていただきます。
※Japanese text only

定価はカバーに表示してあります。

ISBN 978-4-04-605154-7　C7030